华侨高等教育研究 2021

HUAQIAO
GAODENG JIAOYU YANJIU 2021

—— 第1辑 ——

陈颖 ◎ 主编

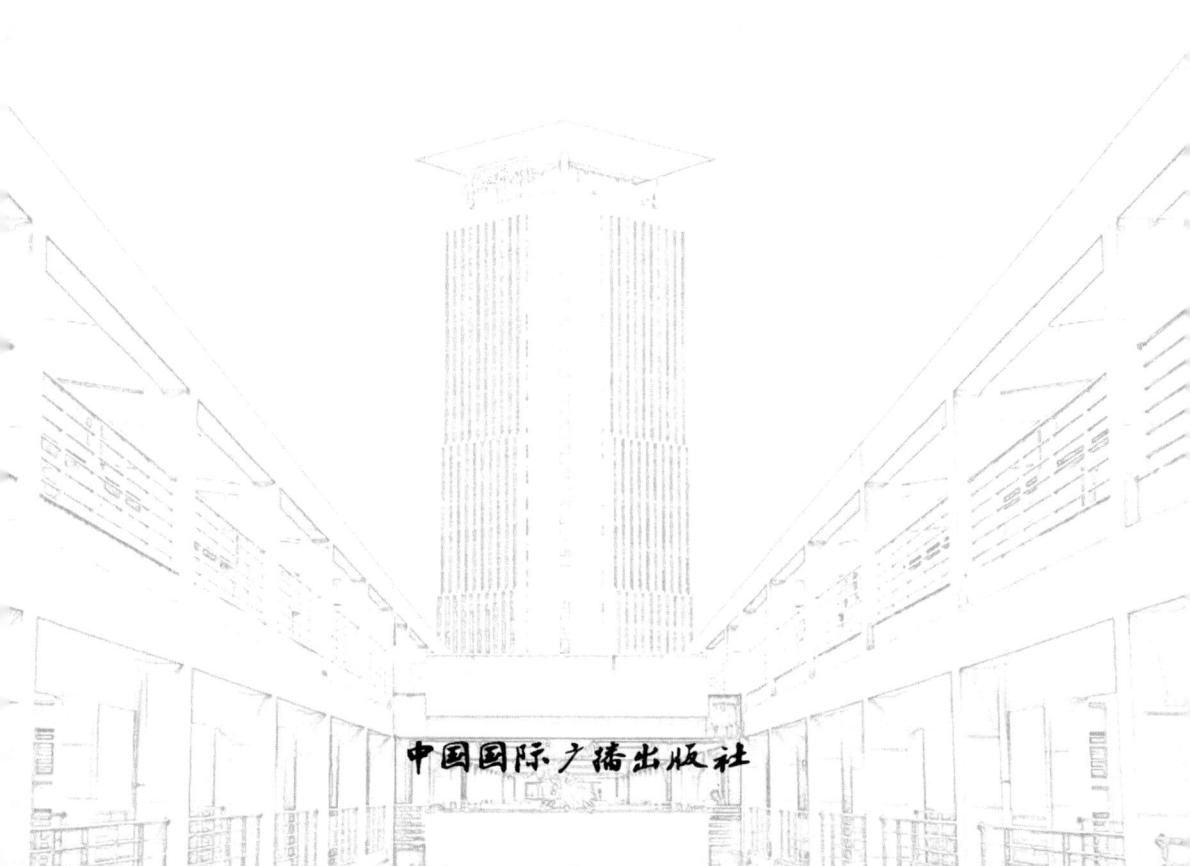

中国国际广播出版社

图书在版编目（CIP）数据

华侨高等教育研究.2021.第1辑/陈颖主编.--北京：中国国际广播出版社，2021.6

ISBN 978-7-5078-4928-8

Ⅰ.①华… Ⅱ.①陈… Ⅲ.①华侨教育-高等教育-研究-中国 Ⅳ.①G74

中国版本图书馆CIP数据核字（2021）第108169号

华侨高等教育研究.2021.第1辑

编 者	陈 颖
责任编辑	张娟平
校 对	李美清
装帧设计	文人雅士
出版发行	中国国际广播出版社有限公司 ［010-89508207（传真）］
社 址	北京市丰台区榴乡路88号石榴中心2号楼1701
	邮编：100079
印 刷	廊坊市海涛印刷有限公司
开 本	710×1000　1/16
字 数	154千字
印 张	12
版 次	2021年6月　北京第1版
印 次	2021年6月　第1次印刷
定 价	55.00元

版权所有　盗版必究

编辑委员会

主 任 吴季怀

副主任 曾志兴 陈 颖

编 委 (以姓氏笔画为序)

刁 勇　马海生　冉茂宇　冯 桂　邢尊明

庄培章　许少波　苏梽芳　杜志卿　杨卫华

吴季怀　宋 武　张认成　陈 捷　陈 颖

陈庆俊　陈雪琴　林怀艺　林宏宇　郑力新

荆国华　胡日东　胡培安　秦 旋　黄华林

黄远水　黄富贵　蒋晓光　曾志兴　曾繁英

缑 锦　蔡振翔　薛秀军

主 编 陈 颖

英文审译 陈恒汉

目 录

华文教育

1 白话文主谓宾词类构成的演化及其在华文教学中的应用
　　……………………………………………………… 刘丙丽
12 任务型教学法在对外汉语词汇教学中的应用 … 徐　璇　郝瑜鑫
23 在线教育下教师的角色与行为转变
　　——基于留学生教育教学的思考 ………………… 付梦芸
33 乡村振兴战略中闽南侨乡历史文化传承与活化
　　——以晋江梅岭为例 ………… 骆文伟　许荣宣　陈　晨

澳门教育

56 澳门教育发展思考
　　——基于《粤港澳大湾区发展规划纲要》的视角 … 高胜文
67 回归二十年：澳门回归教育的回顾与前瞻 ………… 高胜文

研究生教育

86 社会科学研究生学位论文选题的标准 ……………… 赖诗攀

思政教育

92 "两个擦亮"视域下的侨校马克思主义理论学科研究生培养探析
　　——以华侨大学为例 ………………………………… 林怀艺

104 在知识学习和能力培养中铸魂育人
　　——"马克思主义哲学前沿"课程建设体会 …… 薛秀军

教育教学研究

109 基于"鹰架式教学"理念的混合式教学探索
　　………………………………… 李　曼　秦　旋　祁神军

119 翻转课堂在高校体育教学中的应用价值、现实阻碍与推进路径
　　……………………………………………………… 张颖慧

131 互动式教学方法在大学课程中的应用及其效果
　　——以"社会福利与社会救助"课程为例
　　………………………………………… 韩　艳　徐敏珍

138 基于全程情景模拟的"招聘管理"课程教学模式改革初探
　　……………………………………………………… 胡三嫚

149 "互联网＋"时代下高校电商创业人才培养研究
　　………………………… 周碧华　魏博茜　荆亚璟　谭子恒

164 校企融合背景下高校就业创业人才培养的优化路径
　　——基于华侨大学职业拉力挑战训练营的调查研究
　　……………………………………………………… 王静珊

171 新时代我国高校高层次人才队伍建设问题与对策
　　………………………………………… 张丽萍　万校基

Contents

1   The Evolution of Word Classification for Subjects, Predicates and Objects in Vernacular Chinese: An Enlightenment to Chinese Teaching
.... Liu Bingli

12   On the Application of Task – based Approach to Vocabulary in Teaching Chinese as a Second Language .... Xu Xuan, Hao Yuxin

23   The Role and Behavior Change of Faculty in Online Education: Some Thoughts Aroused by the Education and Teaching of International Students
.... Fu Mengyun

33   The Historical and Cultural Inheritance and Activation of Overseas Chinese Hometown in Southern Fujian: Rural Revitalization Strategies in Meiling, Jinjiang .... Luo Wenwei, Xu Rongxuan, Chen Chen

56   Some Considerations on the Development of Education in Macau Based on the Perspective of Development Plan for Guangdong – Hong Kong – Macao Greater Bay Area .... Kou Seng Man

67   The 20th Anniversary of Macau's Return to Motherland: A Review and Outlook of Recurrent Education in Macau .... Kou Seng Man

86   The Standard of Topic Selection for the Dissertation of Postgraduate Students of Social Science .... Lai Shipan

92   On the Cultivation of Postgraduates of Marxist Theory in Overseas Chinese Schools from the Perspective of "Two Refinements" .... Lin Huaiyi

104　Forging Souls and Cultivating students in Knowledge Learning and Ability Training: Experiences of the Course of Marxist Philosophy Frontiers ……………………………………… Xue Xiujun

109　An Exploration on Blended Teaching Pattern Based on the Concept of Scaffolding Instruction ………………… Li Man, Qin Xuan, Qi Shenjun

119　The Flipped Classroom in College Physical Education: Application Values, Practical Obstacles and Improvement Approaches ………… Zhang Yinghui

131　The Application and Effect of Interactive Teaching Method in University Curriculum: Taking the Course of Social Welfare and Social Assistance as an Example ……………………………………… Han Yan, Xu Minzhen

138　A Brief Exploration on the Reform of the Teaching Mode of "Recruitment Management" Based on the Whole Course Scenario Simulation
…………………………………………………………………… Hu Sanman

149　Research on the Training of University E–commerce Entrepreneurs in the Era of Internet Plus
………………… Zhou Bihua, Wei Boqian, Jing Yajing, Tan Ziheng

164　The Optimization Path of Talent Training on Employment and Entrepreneurship in Colleges and Universities under the background of School–enterprise Integration: A Survey on HQU Training Camp of Profession Rally Challenge …………………………………… Wang Jingshan

171　Constructing High–level Talent Teams of Chinese Higher Education in a New Era: Problems and Solutions …………… Zhang Liping, Wan Xiaoji

白话文主谓宾词类构成的演化及其在华文教学中的应用[①]

刘丙丽

摘 要：构建唐五代、宋代、元明、清代、现当代5个语料库，基于依存语法的理论基础对这些语料的句法结构进行了标注、统计与分析，旨在研究汉语白话文中主语谓语宾语词类构成的历时演化。结果显示，各个时期主语中名词和代词的比率之和占据主语词类总量的绝大部分，谓语的词类构成从古至今都非常稳定，动词谓语占谓语的绝大多数。比之主语的词类构成，宾语的成分更加丰富，词类构成变化比较缓慢。

关键词：主语；谓语；宾语；词类；华文教学

一、引言

黄南松（1993）[1]就曾指出，语法教学是汉语教学的一个重要方面，从目前的汉语教学实际看，句法成分的构成要素是急需研究清楚的问题之

[①] 基金项目：2020年度福建省社会科学规划基础研究一般项目"基于依存树库的白话文句法特征计量研究"（项目编号：FJ2020B123）。

一。这一思想同样适合我们的华文教学。对于句法的成分研究,自20世纪80年代以来,国内汉语历史句法学界运用历史句法学的理论、视角和方法来探究汉语的句法演化,揭示汉语中经常出现的演化方式和语法化途径,如吴福祥(2003)[2]、Xu Dan(2014)[3]等。国外,句法演化研究成果颇丰,如David A. Reibe(1986)[4]、Alice C. Harris et al.(2007)[5]、Ljiljana Progovac(2010)[6]、Brady Clark(2013)[7]等。在所有的句法演化研究类型当中,基于现有语言经验和事实的观察和分析开展语言演化研究是最佳方法(Jackendoff, R. 2010)[8]。

国内外相关研究成果为本研究奠定了良好的基础,同时也存在以下不足:(1)对古汉语的句法计量研究关注得不够。目前的研究偏向于针对现当代汉语的句法计量研究。(2)汉语句法的历时计量研究系统性较弱。目前该领域的研究或是个案性的,或是针对汉语句法的某一结构,缺少基于理论框架下系统、全面的汉语句法历时计量研究。(3)汉语句法演化方面实证性计量研究较少。目前汉语句法的历时演化研究更多采用传统方法进行描写、分析与解释。本文尝试克服以上不足,在计量语言学的理论框架和研究方法下,以汉语历代白话文作为语料样本,既对各历史时期白话文句法进行计量统计与分析,又通过白话文句法计量研究来描写并揭示汉语的演化规律,以期能给汉语句法研究提供更加丰富的内容。

二、资源与方法

本文力求运用现代语言学理论和方法对语法演化现象进行动态分析,主要采用语料库的方法,理由如下:(1)语料库的构建立足于真实语言材料,构建方法有别于以往基于规则推导的语言学研究方法;(2)参考刘坚&蒋绍愚(1990、1992、1995)[9-11]的《近代汉语语法资料汇编》作为语料选取的来源,确保文本具有代表性,贴近真实口语,版本可靠,题材广泛。最终，以下语料被纳入我们的研究范围：唐五代的《六祖坛经》《茶酒论》《敦煌变文》；宋代的《大唐三藏取经诗话》和《大慧普觉禅师语录》；元明的《老乞大》《皇明诏令》《新编五代史平话》《朴通事》《小孙屠》《诈妮子调风月》；清代的《红楼梦》《儒林外史》；现当代的中央电视台节目《对话》《面对面》以及中央人民广播电台节目《交通服务热线》。

语料搜集完成之后，需要对其进行下一步的依存标注。依存语法认为，句子是有组织的单位，其基本组成元素是词，词与词之间相互联系。一种语言里的各种不同的依存关系，人们应该将其区分并标示出来（刘海涛，2009）[12]。表示依存关系的图示叫作依存树（Dependency tree，简称 D‑tree）。一个依存树库是由许多依存树构成的。表1展示了本研究的标注过程及方法。

表1 依存语法标注例句

句子编号	句中词序	词	词性	支配次序	支配词	支配词性	依存关系	来源
s1	1	易中天	np①	4	生	v	subj	面对面
s1	2	，	bnd	1	易中天	np	punct	面对面
s1	3	1947年	nt	4	生	v	adva	面对面
s1	4	生	v	8	。	bjd	s	面对面
s1	5	于	p	4	生	v	comp	面对面
s1	6	湖南	ns	5	于	p	pobj	面对面
s1	7	长沙	ns	6	湖南	ns	atr	面对面
s1	8	。	bjd					面对面

---

① 依存句法树库的词类标记与依存关系类型标记说明：np（专有名词）、v（动词）、bnd（句中标点）、bjd（句末标点）、nt（时间名词）、p（介词）、ns（处所名词）、subj（主语）、punct（标点符号）、adva（状语）、s（主谓词）、comp（补语）、pobj（介词宾语）、atr（定语）。

三、统计与分析

首先，对选取的语料库进行初步的统计，基本数据如表2所示：

表2　语料库基本数据（单位：个）

时期	总字数	总词数	总句数	平均句长
唐五代	6080	4009	276	14.53
宋　代	6265	4021	449	9.00
元　明	7947	5476	496	11.04
清　代	6162	4106	246	16.69
现当代	38132	23901	1188	20.12

主语是句子陈述的对象，说明是谁或什么，表示句子说的是"什么人"或"什么事"，是执行句子的行为或动作的主体。我们对主语词类构成的历时演化进行了统计，观察构成不同历史时期主语的词类百分比。统计结果如表3所示：

表3　主语词类构成的历时演化（单位:%）

时期	n	v	a	d	p	r	m	q	us	其他
唐五代	78.00	4.29	2.50	0.00	0.00	12.70	0.72	0.72	0.00	1.07
宋　代	81.18	3.60	2.95	0.00	0.00	8.35	0.65	2.62	0.00	0.65
元　明	44.93	4.02	0.70	0.00	0.17	42.66	0.00	4.20	2.97	0.35
清　代	71.78	2.19	1.70	0.00	0.00	19.71	0.00	0.00	1.22	0.73
现当代	36.87	6.86	1.56	0.00	0.04	49.06	0.62	2.03	2.30	0.66

从表3中可以看出，名词和代词在主语中占据着比较高的比例，其中名词的优势地位更加明显。图1更清楚直观地展示了这一点。

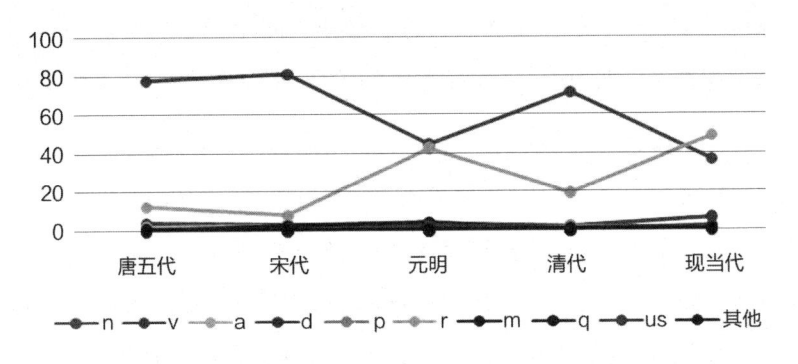

图1 主语词类构成的历时演化（单位:%）

可以注意到，在主语词类构成的历时演化中，名词和代词是两道亮丽的风景线。其他词类则由于所占比率太低，与名词代词构成鲜明的对比。首先，名词是5个时期的主语构成的主力军，只在现当代中稍微低于代词，其余4个时期均高于代词。这5个时期中，除元、明时期名词和代词的比率相差不甚明显之外，其余各个时期名词比之代词都有绝对的优势。此外，各个时期主语中名词和代词的比率之和占据主语词类总量的绝大部分，二者之和基本在每个时期均占据在整个主语的80%—90%左右的区间，而且基本保持稳定。比较而言，主语中除名词和代词外的所有其他词类势力明显非常微弱，平缓地占据着主语中弱小的比率。单独就名词而言，可以看到，名词在主语中的比率随着时间的变迁有着较大的起伏变化。从唐五代到宋代，名词的比率处于上升阶段。从宋代开始，主语中名词的比率出现了明显的起伏。从宋代到元明时期出现大幅的下降，从元明到清代又出现了大幅的上升。从清代到现当代，名词的比率又出现了大幅的下降。而且，从图1还可以发现，元明时期和现当代的主语词类构成比较接近。在名词和代词之和保持稳定的前提下，代词的变化曲线与名词呈现出完全相反的态势，二者之间是一种此消彼长的关系。

这就引出了一个问题，为什么元明时期的主语构成会接近现当代，而不是清代的主语构成接近现当代呢？按常理来说，年代越接近的时期，语

— 5 —

言的情形不是越相似吗？造成这种现象的原因除了最有可能的语体差异问题，是否存在其他原因？这是吸引我们开展进一步研究的一个有趣的问题。研究清楚这一点，可以在华文教学中使学生对词类和句法有一个总体的认识：每种词类不再分散而简单地充当某个词的标签，它们也有着自己生动的句法功能动态演化路线；每种句法成分也不再是机械地由某些词类来充当，而是在历时的曲线上有着自己的变幻方式。这也正符合汪大昌(1994)[13]的教学建议。比如，在综合课的讲授过程中，我们可以给出图1那样的曲线，标明最上方的蓝色曲线代表名词，并给出3个例句。请学生猜下方的橘色曲线最有可能是哪种词类，然后大家一起举例子。最后鼓励学生们完全展开想象，任意说出一个汉语句子，然后大家来判断该句的主语是哪种词类。

接下来是谓语。谓语常常被认作句子的中心，通常由谓词性词语充当，在一定条件下也可以由名词性词语充当。谓语的作用是对主语进行叙述、描写或者判断，能回答主语"怎么样""是什么"等问题。经过标注统计，我们得到表示谓语词类构成历时演化的表4和图2。

表4 谓语词类构成的历时演化（单位:%）

	n	v	a	d	p	r	m	q	us	其他
唐五代	4.72	86.78	7.66	0.10	0.10	0.21	0.21	0.21	0.00	0.00
宋　代	3.65	87.83	7.91	0.00	0.12	0.12	0.24	0.12	0.00	0.00
元　明	2.96	86.03	7.94	0.11	0.00	1.16	0.21	1.38	0.11	0.11
清　代	3.18	85.96	9.41	0.14	0.00	0.14	0.14	1.01	0.00	0.00
现当代	2.49	87.24	8.71	0.45	0.23	0.45	0.03	0.13	0.16	0.10

图 2 谓语词类构成的历时演化（单位:%）

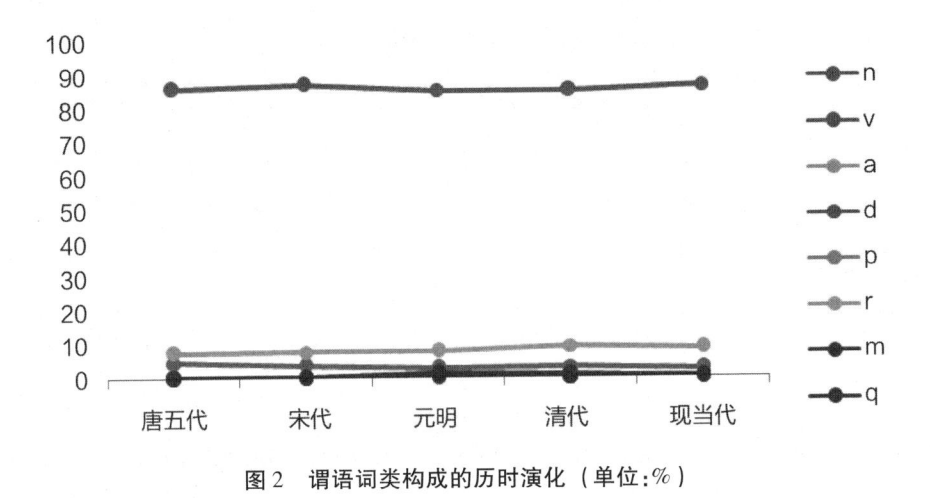

通过观察可以发现，谓语的词类构成从古至今都是非常稳定的。正如杨伯峻（2001）[14]所认为的那样，动词谓语确实占谓语的绝大多数。这个绝大多数精确下来就是在5个历史时期的任何一个时期当中，动词在谓语中的比率都会占到70%以上。自唐五代起，一直到现当代，谓语中动词的比率都非常稳定。与谓语中动词比率呈现此消彼长趋势的词类是形容词。形容词虽然是谓语中除动词外的第二大词类，但是比之动词在谓语中的比率还是相差悬殊。谓语中最后一个相对重要的词类就是名词。名词在谓语中的比率一直都比较稳定，是谓语成分中的第三大主要的词类。

最后是宾语。宾语是指一个动作（动词）的接受者。宾语分为直接宾语和间接宾语两大类，其中直接宾语指动作的直接对象，间接宾语说明动作的非直接，但受动作影响的对象。一般而言，及物动词后面最少要有一个宾语，而该宾语通常为直接宾语，有些及物动词要求两个宾语，则这两个宾语通常一个为直接宾语，另一个为间接宾语。与计算主语词类构成的历时演化的方法相同。我们得到了名词、动词、形容词、副词等共9种词类在宾语构成中的百分比。结果见表5。

表5 宾语词类构成的历时演化（单位:%）

	n	v	a	d	p	r	m	q	us	其他
唐五代	73.78	14.86	5.00	0.27	0.00	4.05	0.41	0.95	0.00	0.68
宋 代	80.19	9.59	4.09	0.00	0.00	2.67	1.26	2.04	0.00	0.16
元 明	72.92	10.42	1.76	0.16	0.00	8.49	0.16	3.21	2.24	0.64
清 代	67.75	17.57	3.62	0.00	0.00	5.43	0.72	3.08	1.27	0.54
现当代	53.56	31.36	3.74	0.11	0.28	6.81	0.28	1.00	2.29	0.95

从表5中可以看出名词在5个时期的宾语中均占据主要地位。占据比率最高的是宋代，其次是唐五代和元明时期。名词在宾语中占据比率最低的是现当代。除名词外，构成宾语最多的词类就是动词，超过了代词。这一点不同于主语的构成，也似乎与我们平时的语感不同。这可能是因为我们平时较少考虑到能愿动词的宾语是动词这种情况。如当"能""可以""愿意"作句子主谓词时，它们的宾语就是动词。动词在宾语中的比率宋代时最低，现当代时最高。除名词和动词外，宾语中较多的词类就数代词与形容词了。代词与形容词所占据宾语的比率大体相当，总的来说，代词稍微高于形容词。将上表结果用直观的图，可以表示为图3：

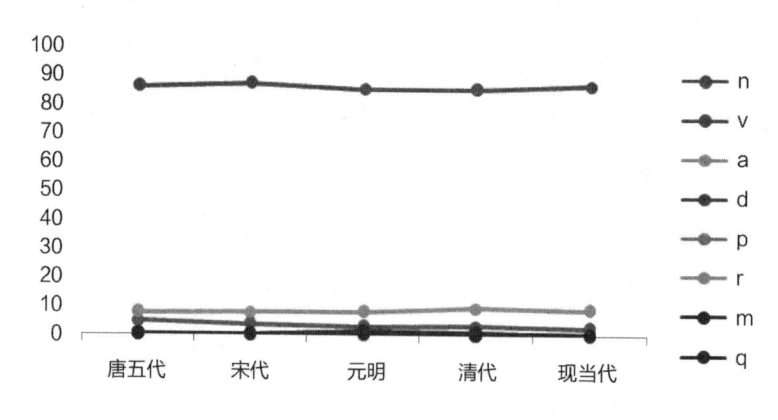

图3 宾语词类构成的历时演化（单位:%）

比之主语的词类构成，宾语的成分更加丰富些。主语中名词和代词的总和占到整个主语的80%以上，宾语中名词、动词和代词的总和占到整个宾语的80%以上。宾语中名词的比率在宋代之前均处于上升趋势，自宋代后，名词比率逐渐下降。而动词的比率演化则与名词大体相反，除唐五代外，二者基本上处于此消彼长的关系：唐五代到宋代有些许下降，自宋代开始，动词在整个宾语中的比率一直呈现上升趋势。在现当代达到五个时期的最高比率。接下来看代词，在唐五代，宾语中的代词、动词和形容词比率大体相当，在时间的横轴上，三者各自发生着改变。与动词相反，形容词的比率总体处于下降的形态，而与代词的变化形态大致相当。就动词、代词和形容词这三类词来看，在历史的时间点上，代词与形容词在宾语中的比率在唐五代、宋代、清代和现当代均极为接近。总体来看，宾语的词类构成变化比较缓慢，没有出现类似主语词类构成那样的大起大落。这说明宾语的词类构成比主语的词类构成稳定。其中的原因值得我们进一步探索。

总体来看，对比主语、谓语和宾语的词类成分，谓语的词类成分显示出了超强的稳定性，是句子主干中词类构成最稳定的成分。如果将句子的主要成分词类构成的稳定性做一个排名的话，最稳定的当属谓语，其次宾语，最不稳定的就是主语。

根据我们的教学经验，留学生经过一段时间的汉语学习，对一些具体的词类问题比较熟悉，但是缺少对词类的整体把握（汪大昌，1994），更缺少对句法成分与词类关系的整体认识。这跟汉语属于孤立语，汉语词汇本身缺乏形态变化密切相关。所以，容易造成学生在词类区分上出现错误（林汝昌，1994）[15]。针对这种情况，我们不必拘泥于教材内容和章节次序逐类地进行讲授，而是可以侧重从整体上讲解主要句法成分的词类构成，例如：（1）主语的词类构成；（2）谓语的词类构成；（3）宾语的词类构成。因为对这一部分内容不熟悉，教师在教学过程中可以先抛出难度适当的问题，让学生组成小组自由讨论，使他们既可以说出点什么，又不容易一下子完全说清楚，从而激发学生学习汉语语法的积极性。这种授课方法特别适用于具备较高级汉语水平的年级。

四、结语

在主语词类构成历时演化过程中，各个时期主语中名词和代词的比率之和占据主语词类总量的绝大部分，而且基本保持稳定。在名词和代词之和保持稳定的前提下，代词的变化曲线与名词呈现出完全相反的态势，二者之间此消彼长。谓语的词类构成从古至今都是非常稳定的，动词谓语占谓语的绝大多数。比之主语的词类构成，宾语的成分更加丰富，词类构成变化比较缓慢。这种从总体上对主要句法成分词类构成的了解对我们的华文教学许多方面都有着一定的参考意义。

参考文献

[1] 黄南松. 从对外汉语教学看现当代汉语语法研究 [J]. 语文研究, 1993（8）：49-54.

[2] 吴福祥. 汉语伴随介词语法化的类型学研究：兼论 SVO 型语言中伴随介词的两种演化模式 [J]. 中国语文, 2003（1）：69-87.

[3] Xu Dan. 汉语句法的类型转变 [M]. 北京：世界图书出版公司, 2014：13-17.

[4] David A. Reibel. Early syntactic evolution: from sense to syntax. First Language [M]. 1986：234.

[5] Alice C. Harris, Lyle Campbell. 历史句法学的跨语言视角 [M]. 北京：世界图书出版公司, 2007：19.

［6］ Ljiljana Progovac. 2010 Syntax：Its Evolution and Its Representation in the Brain ［J］. Biolinguistics，2010（4）：234－254.

［7］ Brady Clark. Syntactic Theory and the Evolution of Syntax ［J］. Biolinguistic，2013（7）：169－197.

［8］ Jackendoff，R. Your theory of language evolution depends on your theory of language. The Evolution of Human Language ［M］. Cambridge：Cambridge University Press，2010：63－72.

［9］ 刘坚，蒋绍愚. 近代汉语语法资料汇编（唐五代卷）［M］. 北京：商务印书馆，1990：1－9.

［10］ 刘坚，蒋绍愚. 近代汉语语法资料汇编（宋代卷）［M］. 北京：商务印书馆，1992：1.

［11］ 刘坚，蒋绍愚. 近代汉语语法资料汇编（元代明代卷）［M］. 北京：商务印书馆，1995：1－3.

［12］ 刘海涛. 依存语法的理论与实践 ［M］. 北京：科学出版社，2009：102－110.

［13］ 汪大昌. 现代汉语课词类教学改革刍议 ［J］. 语文建设. 1994（6）：29－30.

［14］ 何乐士. 古汉语语法及其发展 ［M］. 语文出版社，2001：517－519.

［15］ 林汝昌. 母语对学习目的语的干扰——词类的误用 ［J］. 湖南大学社会科学学报，1994（8）：48.

华侨大学　华文教育研究院

任务型教学法在对外汉语词汇教学中的应用

徐 璇[1]　郝瑜鑫[2]

摘　要：任务型教学法是近年来备受欢迎的一种教学法，越来越多的学者提出将任务型教学法应用于对外汉语教学中。能够熟练掌握和灵活运用词汇是成功进行交际的前提，因此词汇教学在对外汉语教学中的地位至关重要。通过阅读、整理和汇集大量的文献资料，对任务型教学法的定义及相关研究进行了阐释，结合对外汉语词汇教学论述了任务型教学法的特点，发现该教学法符合对外汉语词汇教学的需求，并设计了一份教学案例。在对外汉语词汇教学中应用任务型教学法，可以解决传统教学模式存在的问题，增强学生的课堂参与度，有助于教师实现教学目标。

关键词：任务型教学法；对外汉语；词汇教学

一、任务型教学法概述

（一）任务型教学法的概念

任务型教学法是产生于 20 世纪 80 年代的一种强调"做中学、用中学"的语言教学方法，由交际教学法发展而来[1]。该教学法以杜威的实用主义作为理论基础，认为学生是知识的主体，强调学生在教学活动中处于中心地位。任务型教学法认为，如果想让学生掌握一门语言，不能只单纯地进行语言理论和技能的学习，而是要在活动中运用语言，以达到掌握语言的目的。这里的活动就是指完成任务的过程。任务来自教师的布置，通常是教师设计的包含交际和语言知识的、具体的、可行的任务。学生在教师的引导下完成任务，最后教师进行指导，学生可以根据教师的意见进行改正，继而提高任务完成的准确度。在完成任务的过程中，学生不断学习新的知识，逐渐提升语言能力。完成任务后，进行的结果展示就是学习成果所在。任务教学法最终的目标是培养运用语言进行交际的能力，但每一节课的目标是完成教师布置的某个"任务"。从表面上看，学习词汇、语法都是为了完成该任务，完成任务是教学的目的；从宏观上看，在完成"任务"的过程中，学生自然地习得了相关的语言形式，而完成某个任务只是手段、途径[2]。

（二）任务型教学法的实施步骤

1. 任务前期阶段

在这一阶段，进行的主要是任务开展前的准备工作。教师要确保学生理解并清楚将要开展的任务的内容和要求，同时进行引导，让学生大脑中与任务有关的知识储备苏醒，为进行任务做准备。教师还需注意引起学生的兴趣，使学生对完成这一任务充满动力。在任务的交际情景选择上，一般选择学生日常生活中所能接触到的。教师在确保任务目标明确、清晰的同时，也要适当留白，让这些任务空白点形成信息差，有利于教师考察学生的学习情况[3]。

2. 任务开展阶段

该阶段包括从任务开始到任务结束的整个过程。学生以小组为单位开展任务。如果学生在活动中遇到一些问题，教师要及时进行引导，启发学生积极思考解决问题的方法。任务完成后需要进行任务汇报，一般采用小组汇报的形式，学生通过这种形式报告成果、交流心得。

3. 任务反馈阶段

汇报结束后，教师要根据学生完成任务的情况进行评价。在评价时，需要注意总结学生学习的难点，针对易错点进行专门的练习，巩固学生的认识与了解。教师还可以根据具体情况，选择性地进行知识的扩展与迁移练习，同时对学生的掌握情况进行再检测，使学生对知识的了解更加深入。

（三）国内外的任务型教学法研究

1. 国外任务型教学法研究现状

任务教学法自20世纪80年代开始就倍受语言学家关注，经过他们几十年的不懈努力，该教学法在国外的发展已较为成熟。不但Willis在《任务型学习模式》中总结了任务型教学法的原则和实施步骤，而且Skehan也在《语言学习认知方法》中明确了"任务"的五大特点，还指出我们应设计合理又不失趣味的课堂任务[4]。我国也不能闭门造车，应通过借鉴国外先进的语言教学模式，推动对外汉语教育的发展。

2. 国内任务型教学法研究现状

我国针对任务型教学法的研究大约是从20世纪90年代开始的，与国外相比起步较晚。因为这是一个全新的语言教学方法，因此得到了教育学界的广泛重视。经过众多语言学家的努力，我国的任务型教学法研究取得了不错的进展。但还存在一些不足：首先，国内的研究还是集中于英语教学方面，对其他领域，特别是对外汉语教学领域的关注过少；其次，我国针对任务型教学法的研究相比国外还是进度缓慢，缺少创新；最后，国内关于任务设计的文献资料大多只介绍理论，没有进行相关的教学实践研究。

二、任务型教学法在对外汉语词汇教学中应用的优势

（一）学科基础方面的优势

对外汉语教学以目的语为汉语的学习者的听、说、读、写能力全面发展为教学目标，并强调培养使用汉语进行交际的能力。以此为前提，将学生作为课堂的中心就至关重要，同时还要注重学生综合能力的提高，任务型教学法恰好符合以上要求，可以说是不二之选[5]。

（二）教学环境方面的优势

近年来，对外汉语教学由"教师为中心"逐渐转为强调"以学生为中心"，如今，"学生作为学习的主体"这一观念已经深入每个对外汉语教师的内心。那么如何才能做到以学生为中心，从而更好地发挥学生的主观能动性？任务型教学法可以完美解决这一问题。任务型教学法以任务为基础，强调学生的主体作用，以调动学生的能动性为基本要求，符合当前对外汉语教学的需求，能够使学生们化被动为主动，不再是"满堂灌"课堂里的工具人。

（三）学生方面的优势

1. 有利于激发学生的学习热情

在传统的词汇教学中，通常是教师讲解词汇的意义及用法，学生被动

接受，这种半强制性的教学模式严重抑制了学生的积极性。在交际中，如果学生不懂语音、语法，还能传达一点信息，但不懂词汇，就不能传达任何信息，因此词汇学习在汉语学习中占据重要地位[6]。俗话说"兴趣是最好的老师"，这一说法也能运用于汉语词汇的学习中。因此，培养学习者对词汇的兴趣至关重要。任务型教学法很好地满足了这个需求，教师可以通过设计各种各样的任务对需要学习的词汇进行完美包装。通过这种方法，使枯燥的被动接受知识转变为学生主动学习，在引起学生兴趣的同时，还能够激发学生的学习热情。

比如在教学生日常生活常见的词汇时，要注意结合学生的实际生活，以此作为导入。学习食物类的词汇时，例如"苹果、牛奶、面包"等，就可以先让学生进行归类，再利用教具或图片展示单词，加强学生记忆。抽象的词汇与实物或图片联系起来，使学生记忆词汇更加轻松有效。而且通过与实际生活结合的方法，使教学内容贴近生活、不再枯燥，有利于调动学生学习词汇的积极性，在生动活泼的课堂氛围中提升学生的汉语词汇量。

2. 有利于发挥学生主观能动性

任务型教学法强调学生作为教学活动的中心地位，应掌握词汇学习的主动权，教师不再处于传统教学法中的主导地位，而将课堂学习的主动权下放到了学生的手中，同时要激励学生以积极向上的学习态度参与到课堂教学的环节当中，使学生在自我探索、自我认知的学习过程中深刻理解汉语词汇，感受汉语的博大精深，体会汉语词汇的魅力[7]。要把学习和运用词汇的学习过程转变为学生自己的学习习惯，提高学生的主观能动性，不但让学生自己意识到词汇的重要性及价值而努力学习，而且还要培养学生运用词汇的意识，积极在实际生活中使用相关词汇，以此提高实际应用词汇的能力。任务型教学法的运用，提高了学生的主观能动性，由以前的提供"标准答案"转变为给学生提供各种具有挑战性的任务,激活学生内在的知识系统,创造一个可进行探究的课堂学习环境[8]。

比如在讲授与季节有关的课文时,让学生选择一个自己喜欢的季节,并用积累的相关词汇描述该季节,例如"炎热、丰收、下雪"等,只要与季节相关即可。让学生介绍自己喜欢的季节这一做法,就是给了学生主动权,在尊重学生想法的前提下,课堂教学效率自然会有提高。这种个性化的教学模式,使课堂学习不再乏味单调的同时还能达到事半功倍的效果。

(四) 教师方面的优势

1. 有利于教师灵活地选择任务类型

任务的类型可以是多种多样的,根据学习者和词汇的特点选择合适的任务才能使课堂教学效果达到最大值。

首先,要根据学习者确定任务类型。外向型性格和内向型性格的学习者擅长的任务类型是不同的。如果学习者属于外向型性格时,一般具有活泼好动、擅长表现自己、喜欢与他人合作等特点。因此,针对这类学习者倾向于设计再现实际生活情景的表演型任务,通常以小组合作为主要形式。如果学习者的性格比较内向,他们一般具有沉稳安静、喜欢思考、善于独立完成任务等特点。因此,针对这类学习者可以设计一些手工制作、设计绘画等可以独立完成的创造型任务,能够突出学生的独立思考能力和动手能力。

其次,要根据词汇特点确定任务类型。针对名词类词汇进行教学时,比如食物、物品、交通工具类的词汇,这类词通常都比较直观,可以首选排列顺序和分门别类的任务以便让学习者更好地理解词的含义,将这一任务作为机械性练习的辅助,不但能够加强练习效果,而且能够弥补机械性练习枯燥的缺陷;针对动词性或者是实际生活中的交流经常出现的词汇进行教学时，考虑到此类词具有抽象性，因此可以选择表演的方式安排任务，在对话的过程中，运用学到的词汇解决问题，有利于学生掌握词汇[9]。

2. 有利于教师构建完善的评价体系

相比语音和语法来讲，词汇在对外汉语教学中扮演的角色至关重要。如果学生不懂语音和语法，依然可以表达一些信息，但是，如果学生不懂词汇，那么在交际中就无法传递信息。因此，教师在对学生的词汇学习情况进行评价时，不应单一地根据单词测试得到的单词储存量和准确程度进行评价，不能"唯分数论"[10]。而是要根据词汇的综合运用能力来判断，并且丰富单词测试的方式，比如可以采用口语对话、阅读文章等形式，还可以根据不同的阶段和模块进行词汇测试，总之要建构完整的效果评价体系。

比如，在学习与购物相关的课文时，可以布置学生分别扮演买方和卖方的任务，让学生采用汉语对话的形式买卖商品，在这一过程中掌握相关的汉语词汇和语法。在任务反馈阶段，教师可以根据学生运用词汇的数量和出售或购买物品的数量来作为检验标准。因此，利用任务型教学方法，教师可以选择多种多样且全面的评价机制，摆脱了以往"分数至上"的桎梏，促进了学生的综合发展、个性化发展。测试结果在分阶段、多模式的前提下，有利于教师总结现阶段的教学成果，监控学生的学习过程，发现学生的错误，并及时进行指导和纠正，也有助于教师根据实际情况进行下一阶段的教学计划。

三、基于任务型教学法的对外汉语词汇教学设计
——以"介绍我的房间"为例

（一）教学对象

汉语 HSK 初级水平学习者

（二）教学时间

1 课时

（三）教学目标

学生通过完成任务，达到熟练掌握和合理运用与房间、家具有关的词汇。

（四）教学要求

1. 掌握任务涉及的重点词汇
2. 通过小组合作或协商的方式，完成教师布置的任务

（五）设计原因

每个人都有自己的房间，家具更是生活中不可缺少的一部分，和我们的日常生活息息相关。与房间、家具的词经常出现在我们的交际情景中，能够激发学生的学习兴趣，且便于教师进行任务设置，符合任务型教学法的要求。而且这些词在交际过程中使用频率很高，因此学生除了掌握这些词汇之外，更重要的是学会运用，采用任务型教学法就能很好地满足这些需求。

（六）教学步骤

针对这些词汇，设计了三个层层递进的任务。任务一是学生对房间模型中的各种家具进行辨认，该任务是三个任务中最简单的，目的是为了加深学生对家具类词汇的印象；任务二是由学生画出自己心目中的房间，属于创造性任务，有助于激发学生创造力和培养动手能力，且创作内容也会用于任务三中；任务三是根据自己的画说出房间里有哪些家具，此任务需要用到前两个任务中的内容，综合性和交际性最强。

1. 任务前期阶段

（1）领读、检查学生对生词的掌握：房间、家具、东、西、南、北、左、右、旁边、门、窗户、楼梯、沙发、床、桌子、椅子、电视、电脑

（2）补充及相关词汇：漂亮、纯色、简约、风格、布置

讲解生词时注意配合 PPT，给学生带来直观的感受，同时要给出学生的母语解释和拼音标注，最终达到学生一看到图片就能说出正确的汉语词汇这一效果。

2. 任务开展阶段

任务一：指认词汇。先有老师指向房间模型中的各种家具，学生说出该家具的对应词汇。之后，请两名学生到讲台上，一名学生随机说一个刚刚指认的词汇，另一个学生将该词汇用绘画的形式画出。

任务二：学生拿出提前准备好的纸张和画笔，每个人画出自己心目中的房间，限时十分钟。

任务三：学生两两一组，互相向对方介绍自己的房间里有哪些家具。介绍完后，另一名学生根据对方的介绍提出疑问，比如"为什么这是你心目中的房间？""为什么没有电视机？"等问题。

3. 任务反馈阶段

针对学生的词汇运用情况进行评价，使用情况较好的词汇要进行巩固，达到加强记忆的目的，而大多数学生使用错误的词汇要加以纠正。以学生把词汇进行成功消化并纳入自己的知识体系为目的，同时进行适量的练习和总结。

四、结语

总之，任务型教学法是一个行之有效的教学法，也符合对外汉语词汇教学的要求。经过分析，将任务型教学法运用至对外汉语词汇教学是可行的。但是任何一个教学法都不是万能的，因此在任务型词汇教学中教师要学会扬长避短，把任务型教学法在词汇方面应用的长处充分发挥出来，以达到最好的教学效果。

参考文献

[1] 张丽莉. 任务型教学法在对外汉语教学中的应用研究 [J]. 才智，2020（18）：49.

[2] 吴中伟. 从"3P模式"到"任务教学法"——任务教学法研究之三 [J]. 国际汉语教学动态与研究，2005（3）：45-49.

[3] 马箭飞. 以"交际任务"为基础的汉语短期教学新模式 [J]. 世界汉语教学，2000（4）：87-93.

[4] 覃思. 任务型教学法在对外汉语教学中的应用 [J]. 贵州民族大学人文科技学院. 人文与科技，2019（2）：34-46.

[5] 韩丽敏，郝胜男. 任务型教学法在对外汉语初级口语教学中的应用研究 [J]. 现代交际，2019（2）：134-135.

[6] 吴莉. 对外汉语词汇教学中的"四个避免" [J]. 品位经典, 2020 (9)：135-136.

[7] 杨强. 任务型教学法在初中英语词汇教学中的运用 [J]. 中学生英语, 2020 (22)：72-73.

[8] 王燕. 国内外任务型教学法的研究成果对对外汉语教学的启示 [J]. 连云港职业技术学院学报, 2014 (2)：88-92.

[9] 章博闻. 任务型教学法在对泰汉语词汇教学中的应用 [D]. 广西师范大学, 2017：13-14.

[10] 王美琪. 任务型教学法在对外汉语词汇教学中的应用 [J]. 读与写（教育教学刊）, 2016 (2)：17-18.

1. 华侨大学　华文学院
2. 华侨大学　华文教育研究院

在线教育下教师的角色与行为转变
——基于留学生教育教学的思考

付梦芸

摘 要：受全球新型冠状病毒肺炎疫情的影响，大量留学生不能返校，在线教学成为主要方式。运用相关访谈资料，探讨面对留学生在线教育时，教师的角色与行为困境以及相应的角色与行为转变。在线教育中教师的角色与行为困境主要有三：一是难以成为留学生学情的精准分析者；二是难以有效地解决教育教学中留学生的情感问题；三是难以正常开展文化实践活动。因此，教师要成为学生主动学习的引导者、中文学习资源的整合者和留学生情感与心理的呵护者；要加强在线教学的学习与反思，重视在线教育中的学情分析，关注家长对留学生在线学习的作用。

关键词：在线教育；留学生教育；教师角色；教师行为

受全球新型冠状病毒肺炎疫情的影响，大量留学生依旧留在本国，许

---

① 基金项目：华侨大学高层次人才科研启动项目（项目编号：17SKBO209）；福建省教育科学"十三五"规划2019年度重点课题（项目编号：FJJKCGZ19-006）。

付梦芸（1986— ），女，山东潍坊人。讲师，博士，主要从事华文教育、高等教育政策与管理方面的研究。

多高校将海外留学生的教学由"线下"转为"线上",远程教学、网络授课等在线教学成为主要方式。有别于传统的面对面授课,在线教学突破了时空限制,学生可以足不出户在家上课,可以自定学习进度,共享优质资源。但是由于各国经济发展水平不同,网络环境、硬件设备、学习终端、资源平台等在线教育的基本条件存在差异,以及学生数字化学习能力以及自觉性等问题,给教师教学带来巨大挑战。但在线教育不只是教学空间的置换,而是新的教育教学方式的重构,需要教师角色与行为的转变。本研究将运用相关访谈资料,并结合自身的体会,对其进行具体探析。

一、研究方法与样本特征

本研究的核心问题是在线教育下教师的角色与行为会有怎样的转变,而这又可分解为三个问题:一是在线教育与传统教育有何区别,在线教育下,教师的角色和行为面临哪些困难和问题?二是面对这些困难和问题,教师应当有哪些角色转变?三是面对在线形式的留学生教育,教学具体的行为应当有哪些转变?

为了尝试回答这些问题,本文采用质性研究的个案研究方法。经过信度和效度检验,本样本选取了2020年6—8月参与访谈的17位被访教师,这些教师均从事相关的留学生教育,具有一定的代表性和典型性。鉴于研究的便利性,样本主要通过"滚雪球"的方式获得,受访教师来自华东师范大学、厦门大学、华中科技大学、云南大学、华侨大学、集美大学和闽南师范大学等6所院校,样本兼顾地区、学科和年龄等的差别,具体特征如表1。

表 1 被访教师样本特征

基本信息		百分比	基本信息		百分比
性别	男	7	最高学位	博士学位	10
	女	10		硕士学位	5
年龄	35 岁及以下	5		学士及其他	2
	36–45 岁	5	职称	正高级	5
	46–55 岁	4		副高级	7
	56 岁及以上	3		中级及以下	5
行政职务	是	4	学科	人文学科	8
	否	13		社会科学	5
研究生导师	是	9		自然科学	2
	否	8		工程技术	2
地区	东部地区	9	院校类别	国家"双一流"高校	8
	中部地区	5		省/市"双一流"高校	6
	西部地区	3		其他一般本科院校	3

具体来说，在性别分布上，男女教师人数相仿；在年龄分布上，教师以 45 岁及以下年龄居多；大部分教师获得了博士学位，不担任行政职务；在职称分布上，正高级、副高级和中级及以下的人数分别为 5 人、7 人和 5 人；在是否担任研究生导师方面，研究生导师与非研究生导师的比例大致持平；在学科方面，访谈人数以人文学科类居多；在地区分布和院校类型方面，所调查教师以东部高校和入选国家"双一流建设"的高校为多。

在质性资料收集方面，由于访谈得越是深入细致，越能产生更多的概念，生成众多的意义[1]，为此在访谈时，本研究运用面对面的半结构访谈，采取追问的方式步步递进，每次访谈时间都在 30 分钟甚至 1 个小时以上。为了保证访谈资料转录的准确性，本研究在征得被访教师同意的基础上，采用人工的方式将所有录音转化为文字，再将这些文字材料导入

N-vivo8质性分析软件中进行处理。质性资料处理的重要步骤在于归类、登录（coding）和求同性比较。其中，归类的基础是建立类属（category），类属的确定和建立必须通过登录，即将有意义的词、短语、句子段落用一定的码号（code）标示出来[2]。

二、在线教育中教师的角色与行为困境

（一）难以成为留学生学情的精准分析者

在实体教学空间里，教师可以通过观察学生的面部表情、问答问题的情况以及教学气氛的感受等，及时了解学生的中文知识掌握情况。但是在网络学习中，师生双方不在同一个空间中，教师无法及时准确地把握每一个学生的学习状态。"有些学生网络不好，不能开视频，根本观察不到学生的课堂表现"（工程技术教师-1）"我是使用腾讯会议上课的，上课前我会点名字，上课时我会观察学生的在线状态，但是在线状态不等于他在听讲，有的学生可能'只打卡，不听讲'，有的学生可能确实在学习，很难把握"（人文类教师-3）。

此外，由于缺乏教师的临场监督，对学生的学习测评结果也会与实际情况存在偏差。比如，有的教师发现"以前中文成绩不太好的学生，这次测评竟然接近满分"（人文社科类教师-2），有的教师认为"目前的在线测评缺乏有效监督，加上有些学生自律能力和意志力较差，对待作业不认真，考试存在抄袭现象。"（人文社科类教师-6）还有的老师发现，"由于时差，有些学生经常大半夜给我发作业，可那时候我早睡了，无法及时反馈，而且也无法判断那些作业是不是本人做的。"（人文社科类教师-3）因此，如何及时准确地进行学情分析，是当前留学生网络教学亟需解决的问题。

（二）难以有效地解决教育教学中留学生的情感问题

情感体验是教育教学中的重要内容，也是促进学生有效学习的重要因素。有研究发现，情感促进认知，对语言学习有重大的影响，特别是对于第二语言的学习者来说，积极的情感可以传达知识、态度和价值观，能激发学生学习的积极性，达到良好的学习效果。但在居家在线学习环境中，学生无法与教师进行面对面的情感交流，也不容易与其他学习者产生情感共鸣，充分表达和释放自己的内心情感，很容易产生中文学习的孤独感。笔者在课堂调研中就发现，大部分留学生在生活中并不使用汉语，当线上的中文课堂结束后，学生又会回到现实的生活中继续使用母语进行交流，线上与线下的语言切换大大增加了学生汉语学习的紧张感。

同时，由于各科目使用的平台不同，学生需要在各类学习端不停切换。"有学生反映，目前下载的学习软件高达6个，有的学生连操作和使用这些平台都很困难，更别提上课了，一上课就紧张，不想上课"（自然科学类教师-1）。可以发现，留学生既要学习平台如何使用，又要克服电子设备和各种网络资源的诱惑。再加上疫情本身所带来的恐慌，会进一步加剧留学生网络学习的焦虑感。

（三）难以正常开展文化实践活动

文化实践是留学生教育教学的重要组成部分，也是提升华语能力的重要手段，有助于多方面多层次地培养留学生的中文综合能力。比如，通过参观中华文化园、中华传统文化基地等活动，可以使留学生更直观地了解中华文化，身临其境感受中华文化的魅力，加深对中文知识的理解；通过组织和参加汉语朗诵比赛、汉语歌曲比赛、书法大赛、剪纸等课外活动，在促进中华文化传播的同时，还可以促进留学生的中文学习兴趣，锻炼留学生实际运用汉语的能力。但是疫情隔离使该环节受到了严重冲击,受访的教师基本都表示,目前根本无法开展这些文化实践活动,即使有些留学生仍在国内,这些文化实践活动也基本处于停滞或者延期状态,给整个中文教学带来不利影响。

三、教师的角色与行为转变

(一)教师的角色转变

1. 教师应成为学生主动学习的引导者

由于不能面对面进行实体教学,加之许多留学生的汉语水平较弱,学习中文的兴致不算高,因此,在网络教育环境中,教师必须从传统的教师中心向学生中心转变,从常态课堂教学下的内容导向向学习导向转变,进一步调动与发挥留学生中文学习的积极性,成为留学生主动学习的引导者。"上了大半学期后,我最后总结了一点,在线教学模式中,教师中心是站不住脚的,要引导学生主动学习,让留学生自己来学习,而不是让教师在前面牵着走"(人文类教师-1)。

主动学习意味着留学生的主体性与和独立性,强调留学生的内在自我学习需求——可以自我选择学习方法并能有效使用,可以自我监控学习过程并积极参与,可以自我评价学习结果并加以修正。与国内学生不同,留学生学习的是第二语言,学习的积极性并不高,因此必须加强留学生的学习引导。引导就是要求教师时刻关注留学生的中文学习状态、学习进度与学习策略,重在帮助留学生进行自我定位、自我规划、自我学习行动与反思。对于留学生自己能完成的学习任务,教师要积极地引导留学生自己去做;对于留学生自己难以完成的内容,教师要进一步灵活设计课程,创造条件,让留学生尽可能地尝试完成。

2. 教师应成为中文学习资源的整合者

信息技术的发展为学习者提供了海量的中文数字化资源,但这些资源种类繁多、鱼龙混杂、真假难辨。对于中文学习者特别是初学者来说,由于中文知识的选择能力和辨别能力较差,如果不加以甄选,很容易形成片面化、碎片化,甚至完全错误的认知。"目前学生手头上没有教材,有的国家又很难收集到相关的中文资料,所以我就把学生感兴趣的、学生需要的整合起来,除了原始的查找书本资料之外,还需要在网络中找资源,关键是这些资源和链接在每一个学生所在的国家和地区还都能打开。"(社科类教师-1)

因此,在网络教学环境中,教师要成为中文学习资源的整合者,为留学生精心选择中文学习资源,并善于发掘优质中文资源,把网络中的资源整合到自己的中文课程体系中。通过对教学资源库的建设与整合,尽最大可能提高留学生的中文学习水平。比如,有的教师就根据留学生的学习特点自建中文教学资源库,提高学生学习兴趣。

3. 教师应成为留学生情感与心理的呵护者

雅思贝尔斯曾说:"教育是关于灵魂的教育,而非理性知识和认识的堆积"[3]。也就是说,真正的教育指向学生的灵魂,在于学生价值观的引领、情感的熏陶与精神的提升。教育的功能是使"人"成为"人",使人从"自然人"成为"社会人",从原初对未来社会一无所知的自然生命,成长为掌握融入社会所应有的信仰、价值、知识、技能、情感以及健康身体的社会人,这一过程即是个体生命意义逐步丰富的过程[4]。在这一过程中,教师发挥着重要作用。但是在当前实施的在线教育环境中,留学生面对的是冰冷的电视、电脑或手机屏幕,缺少与教师、与留学生之间直面的情感交流。因此，教师要在数字化的技术架构下给留学生教育教学形态中注入人文精神，成为留学生情感与心理的呵护者。

访谈发现，有的教师会根据留学生的认知特点、学习兴趣与中文水平，为留学生设计中文学习互动情境；有的教师会利用微信，通过视频连线加强与留学生的交流；有的理工科教师还会充分利用仿真、人工智能、感应等相关虚拟现实（VR）技术和增强现实（AR）技术在中文教学中的应用，洞悉留学生情感与心理；有的教师还会对留学生的中文学习表现进行及时反馈，通过情感投入和思想引导帮助留学生保持良好的心理状态，缓解留学生中文在线学习的不适。

（二）教师的行为转变

1. 加强在线教学的学习与反思

在线教学对中文教师提出了更高的要求，除了基本的中文教学能力之外，还需要具备相关的教育技术能力和信息素养。"与面对面的课堂授课不同，在线教学对教育技术能力要求更高。"（人文类教师-1）"第一次上课时，对各个学习平台了解不多，我当时使用了学习通，但学习通对flash格式不太支持，所以在上课时很多动画无法播放。"（社科类教师-2）因此，教师应主动加强相关培训，或者利用网络提供的各种资源，学习相关应用和技术操作，优化在线教学设计，提高在线中文教学质量。

但中文教师不仅仅是一线的中文教育实践者，更是中文教育的研究者。中文教师可以通过教学共同体的方式参与各种教研活动，加强在线中文教学的研究。比如有的教师说道："为了提高在线教学水平，学院成立了专门的教研室，可以集体备课，相互探索。"（工程技术类教师-1）"我们同教阅读课的老师，使用同一个教学平台，这样在教学中发现什么问题，可以互相探讨."（人文类教师-3）同时，中文教师还要以自我行为表现及其行为为依据进行自我解析与自我反思，通过行动研究改善在线中文教学实践。

（三）重视在线教育中的学情分析

学情分析是实现留学生精准化教学的起点，也是促进留学生教育质量的关键。虽然在线教学对留学生学习的精准评价有一定难度。但是教师可以借助大数据、云计算、面部识别等技术以及相关数字化终端与平台记录，了解留学生中文学习的态度、情绪、风格以及学习进度和效果。比如有的受访教师会根据学生观看教学视频的长短来作为课堂表现的依据；有的教师会根据学生线上作业的分数和提交作业的次数作为学生学习表现。

另外，访谈发现，不少教师为了准确了解留学生在线教育时的学习状态，还会关注留学生自身的个性化认知特质。比如有的教师会根据不同的国别，选择不同的教学视频推送；有的教师还会对学生进行华裔与非华裔划分，根据不同的学生类型选择不同的教学资源；有的教师会根据虚拟环境的互动与反馈，及时给予留学生个性化的中文辅导。可以说，在线教育背景下，教师需要转变教学行为，通过深度挖掘与分析留学生的学习状态和学习方式，为留学生推送个性化的中文学习资源，解答留学生的困惑和疑难。

（四）关注家长对留学生在线学习的作用

在疫情期间居家在线教育的环境下，家长是影响留学生在线学习成效的重要因素。家长的监督和激励对留学生的中文学习效果和身心健康起到直接作用，特别是对于汉语初学者来说，由于刚接触汉语，对汉语的学习坚持性不高，更需要家长的监督。"今年新生不能返校，许多学生表示居家在线学习缺少学习氛围，兴致不高，经常缺课。针对这种情况，我通过他们辅导员联系到了他们家长，然后通过与家长沟通交流，说服家长让他

们来加强学生的学习监督。"（社会科学类教师-1）

不同于校园学习，居家学习对学生的自制力、自律性要求很高。因此，教师应当加强与家长的沟通和交流，了解留学生的居家中文学习环境、内容、进度、习惯以及其他个性特征，并结合留学生的实际情况，与家长共同协商、制定学习计划，改善留学生居家学习的策略。

"但是，让家长配合，对家长的要求很高，为了提高学生的学习积极性，我有时候还会对家长进行培训，告诉他们软件怎么用。"（自然科学类教师-1）"除了我们教师外，家长对学生的学习也很在乎，有些家长会主动联系我，问我怎么操作。"（工程技术类教师-2）可以发现，学生学习离不开家长的监督，教师的教学也离不开家长的配合。因此，在线教育背景下，为了促进学生的学习水平，教师要加强对家长在线教育的指导，提供相关技术帮助，以及时处理留学生在在线教育过程中遇到的各种问题。

参考文献

[1][美]克利福德·格尔茨. 文化的解释[M]. 韩莉，译. 南京：译林出版社，1999：7.

[2]陈向明. 质的研究方法与社会科学研究[M]. 北京：教育科学出版社，2000：97.

[3][德]雅思贝尔斯. 什么是教育[M]. 邹进，译. 北京：生活·读书·新知三联书店，1991：4.

[4]范国睿. 智能时代的教师角色[J]. 教育发展研究，2018(10)：72.

华侨大学　华文教育研究院

乡村振兴战略中闽南侨乡历史文化传承与活化[①]

——以晋江梅岭为例

骆文伟[1] 许荣宣[2] 陈 晨[1]

摘 要：实地考察晋江市梅岭街道华侨资源丰富的 15 个社区的侨乡历史文化的现状，归结出梅岭侨乡家国情怀、爱拼敢赢、重文兴教、恋乡崇祖等侨乡精神内核，剖析闽南侨乡历史文化传承与活化困境，提出闽南侨乡历史文化传承与活化的五大路径，为进一步弘扬晋江经验，致力于闽南侨乡乡村振兴乃至为服务"一带一路"倡议做出贡献。

关键词：乡村振兴；闽南侨乡；华侨历史文化传承活化；晋江梅岭

前言

2018 年全国两会新修改的宪法和政协章程中，首次写入了中华民族的

[①] 基金项目：2019 年国家社科基金高校思政课研究专项"高校港澳台侨学生中华民族共同体意识建构研究"（项目编号：19VSZ140）。

骆文伟（1969— ），男，福建泉州人，副教授、硕士生导师，主要从事中华民族共同体意识建构研究。许荣宣（1957— ），男，福建泉州人，晋江市梅岭街道归国华侨联合会主席。王静珊、陈奕醇、曹佳宝、张琳、时珂欣、林志海、张悦馨等为本文撰稿及调研提供贡献。

概念[1]。"中华民族既包括全国各族人民，也包括港澳台同胞和海外侨胞。在国家开展各方面重要工作时，都会把海外侨胞作为中华民族大家庭的重要成员加以关怀。"[2]。这一重要论断，为做好新时代统一战线工作、铸牢港澳台同胞和海外侨胞的中华民族共同体意识提供了根本遵循。闽南地区是港澳台同胞和海外侨胞的主要祖籍地，其中尤以泉州为最。我国"一带一路"倡议的持续推进为华侨聚集的东南亚地区注入了新的发展动能，同时海外华侨也在促进中国与各国的互联互通中扮演着重要角色，扎根于闽南著名侨乡——晋江梅岭土壤上的华侨就是其中的杰出代表之一。党的十九大报告作出实施乡村振兴战略的重大决策部署，2018年1月2日中共中央、国务院颁布实施《关于实施乡村振兴战略的意见》[3]。当前随着乡村振兴战略的持续推进，闽南侨乡历史文化传承与活化存在着诸多问题。基于此，课题组以晋江梅岭为例展开实地调研，走访了梅岭街道15个社区，重点选择8个典型社区发放问卷和深入访谈，获取宝贵的第一手资料展开研究，以期增进港澳台同胞和海外华侨对祖籍国（地）的文化认同感和归属感，凝聚民族向心力，共同助推闽南侨乡乡村振兴。

一、晋江梅岭侨乡历史文化概述

晋江梅岭，被誉为东南圣地、游子故乡，从这片平坦广袤的闽南侨乡走出了不少著名爱国侨领，孕育着许许多多催人奋进的华侨文化和薪火相传的华侨精神，不断激励着海内外闽南人勇毅笃行。

（一）梅岭侨乡历史文化特征

1. 侨校特色凸显

似水年华滋树穗，一枝一叶总关情。海外华侨们捐资助学的精神在梅岭得到了淋漓尽致的体现。在桂山社区,有一所创办于 1931 年的希信小学。走进学校,一幢幢建筑楼都镌刻着捐建华侨或他们家属的名字以纪念他们的贡献,如庄财赐办公楼、庄垂安贤伉俪教学楼、庄汪佛贤伉俪体育馆、庄谋荣教学楼、润秀综合楼、文其教学楼等。在梅岭、在青阳、在晋江,由梅岭华侨捐献的侨校不胜枚举,如平山实验小学、平山学娥幼儿园、岭山小学、晋江华侨职校、平山中学、忠和小学、桂华中心幼儿园……。校史馆一行行深沉隽永的文字记录了建校先贤和校友撷英的事迹,一帧帧新旧照片见证了学校的成长年轮。这是梅岭华侨热爱教育事业、造福桑梓的真实写照,也是一代代梅岭人团结拼搏、追求奉献的精神结晶。

2. 侨领俊采星驰

据不完全统计,梅岭走出去的港澳台同胞和海外侨胞侨眷(属)人数累计达 5975 人。他们中不乏有杰出的华侨领袖,如旅菲爱国华侨庄材鳅,1946 年他得知家乡晋江疫病流行,立即募集价值国币 10 余万元的西药,拯救病患乡亲。之后,他独资捐建晋江大道中学、实验、中和等小学校舍以及马尼拉华侨善举公所养老院院舍,并与庄万里昆仲等族人共同创办希信、平山小学等,还有庄炳生、苏千墅、庄清泉……,他们的拳拳赤子心共同铸建了梅岭独一无二的华侨精神。

3. 华侨旅游资源荟萃

提到梅岭,每个人脑海中都会浮现一个远近闻名的网红景点——五店市。五店市历史文化街区是晋江城区的发源地,独具闽南特色的红砖古厝"皇宫起"、中西合璧的洋楼等明清、民国乃至现代特色建筑群保存完好,坐拥"青阳八景"其中四景、蔡氏宗祠、庄氏家庙、石鼓庙、布政衙、蔡妈贤宅、朝北大厝、庄志旭宅、宛然别墅等一百多处完整保留历史风貌的华侨建筑。这里坐落着许多华侨的故居,一座座古宅是众多华侨的根之所在，魂之所牵。五店市特有的华侨旅游资源，让梅岭作为闽南侨乡的杰出代表在海内外享有较高的知名度，曾于2016年作为中央电视台元宵晚会的分会场，向海内外同胞侨胞展示精彩纷呈的"晋江元素"。

4. 家庙文化根深叶茂

晋江自古有句俗语："塘东崎，檗谷大，庄厝祠堂盖南门外。""庄厝祠堂"即指坐落于五店市内的庄氏家庙，"盖南门外"是指它在泉南排第一。庄氏家庙建于明嘉靖九年（1530），坐南向北门对三台，前有泉州东西塔双拱照。1550年间倭寇煽乱、侵扰，庄氏族人奋起反抗、保家卫国、抵御外侮。倭夷即以焚毁庄氏家庙作为报复，庄氏族人不屈不挠，于1566年间重修鼎建。明朝中期，青阳庄氏人才辈出，及第者众，先后加建门首和东西两厅，形成七开间格局，埕及围墙一应齐全。这在闽南地区属独一无二，即便在全国范围内也是少见。蔡氏家庙是五店市的另一大家庙，始建于宋熙宁年间，历代重建，现存为五开间两落硬山顶砖石木构建仿古建筑，气势雄伟，雕饰华丽。祠堂厅堂正厅轩敞宏阔，大厅两侧朱红的板壁上榜书为宋代大儒朱熹手迹的"忠、孝、廉、节"，祠堂有众多联对、碑刻，如"论德论功论爵，尊尊亲亲，千年公道如见；自唐自宋自今，子子孙孙，一脉忠厚永存"等，还有保存完好、修自明代的《蔡氏家谱》，率以忠孝仁义礼智信中华民族传统的道德标准，勉励后人行善进取。

（二）梅岭侨乡历史文化精神内核

1. 家国情怀

自古以来华侨就秉承中华民族"家国同构，千古一脉"的文化密码，无论在抵御外寇入侵、反帝反封建时期、争取民族独立与人民解放时期，还是在社会主义建设和改革开放时期，都挺身而出、志如坚磐，为中华民族立身于世界民族之林而贡献力量。如今在梅岭到处都传颂着庄氏乡贤感人肺腑的爱国故事。悬挂在庄氏家庙的《万古纲常》牌匾是朝廷表彰青阳庄氏十一世祖方塘公刚正廉明，抵御倭夷的事迹所赐；《慷慨输将》是民国政府表彰青阳庄氏在民族存亡关键时刻对国家以及对抗日战争的贡献。再如，民国时期庄长泰随父母南渡菲律宾协助处理家业，抗日战争爆发之时，得知消息的庄长泰爱国心炽，毅然离开菲律宾，回到兵祸连连的苦难祖国，奔赴内陆重庆。随后他返回菲国经营金融等业务一跃成为当地商界翘楚，数次带动其他华侨热心为家乡捐资兴学。无独有偶，《晋江市志》中"庄材鳅"篇中也有记载："抗战军兴，菲律宾华侨开展'献机运动'，旅菲庄材鳅以公司名义，独捐献飞机一架，得到同侨称誉。"在梅岭，还有许许多多的华侨投身于中国共产党领导的革命洪流，汇入救国救民的统一战线，或捐款献物，或参军参战，或鼎立宣传……，无一不是家国情深，烈铭金石。

2. 爱拼敢赢

身处异乡的梅岭华侨艰难创业，玉汝于成，在世界舞台上尽情展示着中华民族的自信与光彩。旅菲华侨庄杰文常年在生意场上摸爬滚打，始终信奉儒家"让利三分"经营理念，从未发过不义之财。20世纪60年代，正值菲律宾经济高速发展时期，庄杰文一跃崛起成为菲律宾最大的木材供应商。1998年，世界银行评选他为"最佳木材开发商"。还有在东南亚一带颇有影响的庄启程先生，家族世居南洋，移居香港后他并没有继承家族生意，而是转向独自创业，将维德集团向多元化、全球化发展。前文所述庄长泰返回菲国后，丕振家声，除了随父辈苦心经营传统商业零售和侨批汇兑外，重点拓展卷烟生产、金融业务等，崛起为一代商界翘楚。梅岭华侨们在20世纪生活贫苦的时候毅然地背井离乡外出打拼，获得成就之时就积极回报家乡，这种敢为天下先、时时不忘根的精神值得我们传颂和传承。

3. 重文兴教

在中国近现代教育史上，海外华侨踊跃捐资办学兴学，为近现代中国的教育事业发展做出了卓越的贡献。梅岭华侨在打拼成功后对家乡的回馈和贡献，主要表现在重文兴教上。据不完全统计，梅岭华侨捐资兴建、重修或翻建的学校多达十余所，投入数额之巨大，捐资华侨人数之众以及兴建的学校之多，在闽南普通街道和乡村都属数一数二的。桂花中心幼儿园、平山雪娥幼儿园、平山实验小学、希信中心小学、岭山小学、平山中学、华侨中学……，都是梅岭著名的侨校。1947年庄材鳅独资捐建大道中学以及希信、平山、中和以及实验小学校舍；1989年庄长泰同庄杰文先生联合捐资创办了平山中学，1998年庄长泰再全力倡议增设平山中学高中部，再后他再率其胞弟庄长荣先生、庄长庚先生慨捐巨资人民币955万元，形成建筑错落有致、具有侨乡特色和时代气息的侨校建筑群落。梅岭华侨们以多种形式倾力支持教育回馈祖国，对近现代闽南教育事业的创始和勃兴功不可没、也将永载青史。

4. 恋乡崇祖

中国传统文化的乡土色彩和宗族本位观念，在梅岭人中更是表现得淋漓尽致。2013年1月，由五店市历史文化街区的庄氏家庙、蔡氏家庙、庄用宾故居、三角内朝北大厝等组成"五店建筑群"列为福建省第八批文物保护单位。2014年10月7日，86岁高龄的蔡万才老先生从祖国的另一岸宝岛台湾，回到了他心心念念的故乡。他向祖先的牌位上香，行了三鞠躬礼，在宗亲的搀扶下，跪拜祖先。祭祖后，在族人的帮助下他在族谱里找到了爷爷的名字，那一刻他非常兴奋。临别时，蔡万才老先生说了一句，"我人在台湾，但根在这里"。梅岭华侨无论何时何地都不会忘怀故乡的一草一木，他们的怀土之情，生生不息，绵绵不绝，世代相传。

二、基于层次分析法的梅岭侨乡历史文化调研分析

（一）研究过程

本次调查方法为问卷调查与深入访谈相结合，问卷调查问题和结果（略）。访谈对象为晋江市文史专家、市（街道）侨联和居委会干部、侨眷及社区居民30余人。我们对访谈内容进行整理后分类归纳，逐一进行关键词频分析。通过关键词频构建闽南侨乡历史文化的传承与活化的层次维度表，并根据词频权重对层次结构维度进行权重赋值。

（二）关键词云词频分析

本研究采取关键词云词频分析，内容涉及华侨精神的弘扬、侨校保护、华侨古建筑修缮等问题共计22528个字，其中出现频率大于15次的关键词30个，前20个关键词词频和权重如下表所示：

表1 闽南侨乡历史文化传承与活化访谈关键词词频及权重表

序号	关键词	词频	权重	序号	关键词	词频	权重
1	华侨	40	1	11	旅游	26	0.802
2	精神	38	0.937	12	侨批	24	0.786
3	梅岭	38	0.913	13	建筑	22	0.766
4	政府	32	0.897	14	产品	21	0.761
5	侨企	33	0.895	15	课本	21	0.758
6	居民	34	0.891	16	课堂	20	0.755
7	重视	30	0.878	17	智库	16	0.710
8	侨校	25	0.854	18	侨领	18	0.699
9	活化	27	0.843	19	弘扬	18	0.691
10	资源	26	0.825	20	乡愁	16	0.675

调研及词频分析发现，访谈对象认为应该弘扬以梅岭侨领为代表的华侨精神，注重对华侨历史资源的保护，加大侨校的建设，同时社会各界要共同参与到闽南侨乡历史文化的传承与活化行动中。

（三）层次结构模型构建

根据关键词频分析，确定将闽南侨乡历史文化的传承与活化分为二个维度，构成体系如下：

表2　闽南侨乡历史文化传承与活化路径维度表

一级维度	二级维度	三级维度
闽南侨乡历史文化传承与活化	侨领引领	带头示范
		维系家乡
	资源活化	发展旅游
		建设博物馆
		发展衍生品
	侨校建设	开发课本
		开展课堂
		建设侨校智库
	社会重视	政府主导
		侨企协同
		社区居民支持

根据表2的三级维度构建了层次分析图，根据目标层、路径层、方案层三层构建了闽南侨乡历史文化传承与活化层次路径分析图，如图1所示：

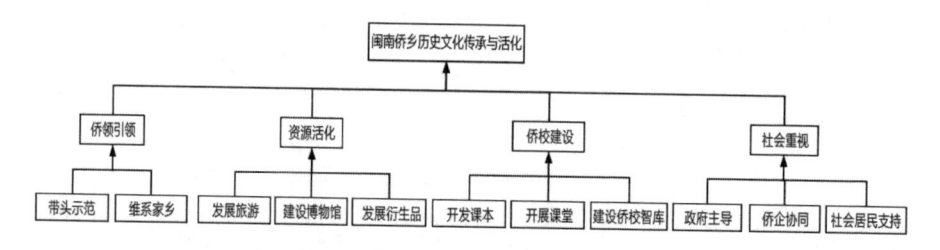

图1　闽南侨乡历史文化传承与活化路径层次分析图

上述指标及维度构建是基于关键词云分析方法形成并结合访谈归纳获得，具有较高的可信度，体现了维度构建的全面性与科学性。

（四）判断矩阵构造

本研究采用层次分析法进行分析，首先构建判断矩阵。判断矩阵的构建方法是通过表1关键词词频及权重进行赋值，并由10名被访谈者组成的小组进一步对打分进行检验，将每一维度各要素的重要性用数字表现出来，取1，2，3，4，5……及他们的倒数作为标度，其标度的含义为用判断矩阵表示同一层次两要素哪一个更重要影响更大。可以建立一个 n 阶的判断矩阵，计算最大特征值的特征向量。其标度含义见下表，如果 A 与 B 比较得分为 m 则 B 与 A 比较得分为 1/m。

表3　层次分析法判断尺度表

判断尺度	定义
1	A 和 B 同样重要
3	A 比 B 稍微重要
5	A 比 B 相当重要
7	A 比 B 明显重要
9	A 比 B 绝对重要
2，4，6，8	介于上诉标准之间的折中值

（五）层次单排序及一致性检验

通过判断矩阵构造后，计算权重向量，得到维度之间的规律性，通过权重向量的计算，得到 λ_{max} 后进行一致性检验，计算公式如下：

$$\lambda_{max} \approx \sum_{i=1}^{n} \frac{(AW)_i}{nW_i}$$

用 W 表示经过归一化后判断矩阵最大特征根 λ_{max} 的特征向量，对应每一层次元素的相对重要性排序权值，进行层次单排序。同时通过计算一致性指标 CI 来判断层次单排序的科学性，CI 越大，不一致越严重，当 CI 趋于 0，一致性程度越高；CI = 0，有完全的一致性，不一致程度越大引起的判断误差越大。计算公式如下：

$$CI = \frac{\lambda_{max} - n}{n - 1}$$

通过引入随机一致性指标 RI 衡量 CI 的大小：其中，RI（随机一致性指标）和判断矩阵的阶数有关，在判断矩阵阶数越大时，出现一致性随机偏离的可能性也就越大，其对应关系如表 4：

表 4 平均随机一致性指标 RI 标准值

矩阵阶数	1	2	3	4	5	6	7	8	9	10
RI	0	0	0.52	0.89	1.12	1.26	1.36	1.41	1.46	1.49

RI 值是通过随机方法生成的一组标准指标，为了排除随机原因对一致性偏离造成的影响，还需将 CI 和 RI 进行比较，计算出 CR（一致性比例），计算公式如下：

$$CR = \frac{CI}{RI}$$

当 CR < 0.1 时认为该判断矩阵的一致性是可以接受的，否则就不具有满意一致性。由此看出，层次分析法能够通过定量分析科学严谨分析出定性访谈中的内容权重，本文研究方法科学合理。

（六）层次分析

通过对表 2 维度进行矩阵判断、层次单排序及一致性检验后，结果如下：

表5 中间层要素层次单排序

闽南侨乡历史文化传承与活化	社会重视	资源活化	侨领引领	侨校建设	Wi
社会重视	1.0000	3.0000	5.0000	7.0000	0.5579
资源活化	0.3333	1.0000	3.0000	5.0000	0.2633
侨领引领	0.2000	0.3333	1.0000	3.0000	0.1219
侨校建设	0.1429	0.2000	0.3333	1.0000	0.0569

由表5可知，Wi分别为0.5579、0.2633、0.1219、0.0569，据 $\lambda_{max} \approx \sum_{i=1}^{n} \frac{(AW)_i}{nW_i}$（下同）推算 $\lambda_{max} = 4.1185$，CI = (λ_{max} − 4)/3 = 0.0395。矩阵有4个要素，由表4可知RI值为0.89，据 $CR = \frac{CI}{RI}$（下同）推算可 CR = 0.0444＜0.1，通过一致性检验。

表6 中间层要素对决策层侨乡历史文化传承与活化的排序权重

中间层要素	权重
社会重视	0.5579
资源活化	0.2633
侨领引领	0.1219
侨校建设	0.0569

表7 社会重视方案层层次单排序

社会重视	政府主导	侨企协同	社区居民支持	Wi
政府主导	1.0000	3.0000	5.0000	0.6333
侨企协同	0.3333	1.0000	3.0000	0.2605
社区居民支持	0.2000	0.3333	1.0000	0.1062

由表 7 可知，Wi 为 0.6333，0.2605，0.1062，据推算 λ_{max} = 3.0387，CI =（λ_{max} - 3）/2 = 0.01935，矩阵有 3 个要素，由表 4 可知 RI 值为 0.52，据推算可 CR = 0.0372 < 0.1，通过一致性检验。

表 8　资源活化方案层层次单排序

资源活化	发展旅游	建设博物馆	发展衍生品	Wi
发展旅游	1.0000	3.0000	5.0000	0.6333
建设博物馆	0.3333	1.0000	3.0000	0.2605
发展衍生品	0.2000	0.3333	1.0000	0.1062

由表 8 可知，Wi 为 0.6333，0.2605，0.1062，据推算 λ_{max} = 3.0387，CI =（λ_{max} - 3）/2 = 0.01935，矩阵有 3 个要素，由表 4 可知 RI 值为 0.52，据推算可 CR = 0.0372 < 0.1，通过一致性检验。

表 9　侨领引领方案层层次单排序

侨领引领	维系家乡	带头示范	Wi
维系家乡	1.0000	3.0000	0.7500
带头示范	0.3333	1.0000	0.2500

由表 9 可知，Wi 为 0.75、0.25，据推算 λ_{max} = 2，矩阵只有 3 个要素，RI 值为 0，因此一致性比例 CR = 0.0000 < 0.1，通过一致性检验。

表 10　侨校建设方案层层次单排序

侨校建设	开发课本	开展课堂	建设侨校智库	Wi
开发课本	1.0000	3.0000	5.0000	0.6333
开展课堂	0.3333	1.0000	3.0000	0.2605
建设侨校智库	0.2000	0.3333	1.0000	0.1062

由表 10 可知，Wi 为 0.6333，0.2605，0.1062，据推算 $λ_{max}$ = 3.0387，CI =（$λ_{max}$ − 3）/2 = 0.01935，矩阵有 3 个要素，由表 4 可知 RI 值为 0.52，据 CR = 推算可 CR = 0.0372 < 0.1，通过一致性检验。

通过分析可知，各方案层层次单排序均通过一致性检验，说明本研究的层次分析成立。对各方案层进行综合权重排序，分析可得表 11：

表 11　方案层中要素对决策目标的排序权重

方案层因素	权　重
政府主导	0.3533
发展旅游	0.1668
侨企协同	0.1453
维系家乡	0.0914
建设博物馆	0.0686
社区居民支持	0.0592
开发课本	0.0360
带头示范	0.0305
发展衍生品	0.0280
开展课堂	0.0148
建设侨校智库	0.0060

根据表 6 和表 11 将所有方案权重进行整理排序，绘制层次权重分析图表，如下所示：

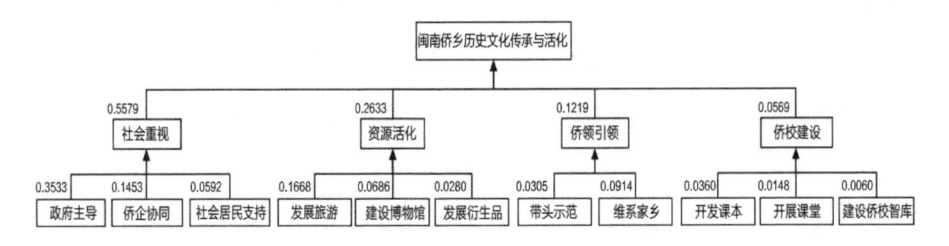

图 2　层次分析权重图

表12 层次分析权重表

一级维度	一级维度权重	二级维度	二级维度权重	二级维度对总目标影响权重及排序	
社会重视	0.5579	政府主导	0.3533	0.1971	1
		侨企协同	0.1453	0.0811	2
		社会居民支持	0.0592	0.0330	4
资源活化	0.2633	发展旅游	0.1668	0.0439	3
		建设博物馆	0.0686	0.0181	5
		发展衍生品	0.0280	0.0074	7
侨领引领	0.1219	维系家乡	0.0914	0.0111	6
		带头示范	0.0305	0.0037	8
侨校建设	0.0569	开发课本	0.0360	0.0020	9
		开展课堂	0.0148	0.0008	10
		建设侨校智库	0.0060	0.0003	11

(七) 层次分析结果

结果显示，闽南侨乡历史文化传承与活化的一级维度中权重占比排行依次为社会重视、资源活化、侨领引领和侨校建设。分析结果表明，闽南侨乡历史文化传承与活化的一级维度中，社会重视是一项重要指标，其中政府主导和侨企协同是两个最为突出的二级维度，因此社会层面对闽南侨乡历史文化传承与活化持显著影响。其次，要活化华侨历史文化资源，发展旅游，打造侨乡特色文化建设。可通过建设博物馆，发展文化衍生品，将华侨精神渗透到社区居民的日常情怀。第三，凸显侨领引领。依托侨领的带头示范作用，维系家国亲情，更好地响应乡村振兴战略。第四，深化侨校建设。其中开发课本是最重要的工作之一。

最后将一级维度权重与二级维度权重相乘得到了二级维度的总排序即表12的层次分析权重表所示。由该表可知，在所有的二级维度中，最重要的是政府主导，占总共 11 个指标的 19.71%，其次是侨企协同，占二级维度的 8.11%，随后第三重要的是发展旅游，占二级维度的 4.39%。

三、乡村振兴战略中闽南侨乡历史文化传承与活化困境

闽南侨乡各级政府和侨联组织开展了大量凝侨心聚侨力卓有成效的工作，一定程度上促进了华侨历史文化的传承与活化。但调研中我们发现，由于长期以来存在着对于华侨历史文化这一独特潜质资源的当代意蕴认识不清，对其遗产内核深挖不够，对华侨资源摸底不全，对华侨文化的研究不深，加之对侨乡历史文化遗产的保护和利用不足，对打造区域华侨文化品牌也缺乏长远规划等问题和困境。主要表现如下：

（一）部分华侨古厝日渐消失

梅岭街道受到政府保护和开发的华侨古厝并不多，除了五店市中的建筑和书香花园、浣然别墅外，剩下少有名气的鲜有人问津更遑论被政府保护。调研发现，梅岭街道各社区不同程度上存在着闽南红砖古厝和宗祠因屋主搬离而成为"空壳厝"，或因年久失修造成主体建筑残缺坍塌、墙体剥落、青苔斑驳等现象，进而危及整幢建筑安全。如岭山庄氏古厝的牌匾为于民国期间孙中山长子孙科所题写，古厝造价之昂贵，石雕、砖雕之精美，文物价值之高，着实令人叹为观止。大门牌匾和面大门两边壁堵的书法石刻曾被严重毁坏，现因原主人后裔旅居海外，古厝四周杂草丛生，内部杂乱无章，还存有安全隐患，已经很难能和当年享誉晋江的闽南古厝联系在一起。很多侨校也在一次又一次的翻新中失去了原有面貌，华侨踪迹再难寻得。因此，闽南华侨建筑的保护已刻不容缓。

（二）华侨文化传承难以深入人心

调研发现，梅岭街道有不少华侨捐资创办的学校，如希信小学、平山实验小学、平山中学等。虽然当地居民知道是华侨创建的学校，至于是哪（几）位华侨捐建的却不知道，即便是熟知的五店市内的朝北大厝，居民们也不知道这位华侨姓甚名谁，又缘何只建了一半，多半居民在听到该类话题时是知之甚少甚至表现出不耐烦。当地宣传华侨文化主要通过微信公众号、微博、当地报纸和侨联等方式，而对于大部分居民来说，几乎不会主动去关注当地华侨文化的公众号和微博，而侨联也只是联系了部分华侨，一定程度上变成了政府和侨联的"自说自话"。

（三）新生代华侨归属感趋淡

不论华侨身在何方，都难改他们与祖（籍）国同胞同根同源、同属一脉的事实。由于地缘上与祖（籍）国、祖（籍）地相隔遥远，与境内同胞和同族亲人联系较少，彼此感情日渐式微，加上长期接受生长地新土文化的洗礼与再造等原因，不少新生代华侨对中华传统文化的认同感较低。近年来，梅岭街道开展如端午嗦啰嗹习俗[①]、清明祭祖、元宵猜灯谜、高甲戏、木偶布袋戏等民俗活动，除了主动邀请港澳台同胞参加，鲜有邀请海外华侨和新生代华侨，且也再无其他文化类大型活动吸引华侨回国，共同感受中华传统文化，维系两地文化脉络。在海外"落地生根"的新生代华侨没有接受过祖国的教育，学的是外地文化，感受的是不同于祖国的风土人情，没有老一代华侨对家乡的眷恋感和"落叶归根"的情感，逐渐由老

---

① 安海端午"嗦啰嗹"习俗，又叫采莲。端午节午后，人们抬出供奉的龙王头雕像焚香叩拜，走街串巷进行采莲活动。由于行进间反复咏唱《采莲歌》，领唱者每唱一句歌词，众和声高歌"嗦啰嗹啊伊嘟啊啊咧"，意为"消灾纳福"，因而人民大众喜闻乐称采莲为"嗦啰嗹"。

一代华侨的"回家""回国"演变为"到中国""去中国",出现了与家乡的感情距离和割裂[4]。

四、乡村振兴战略中闽南侨乡历史文化传承与活化路径

基于调研发现的问题与困境,谨提出以下乡村振兴战略中闽南侨乡历史文化传承与活化的路径思考。

(一)系牢侨联纽带作用,精心打造"侨家大院"

2018年3月,梅岭街道成立街道归国华侨联合会,建设"侨胞之家",进一步凝聚海内外广大侨胞力量,纽带作用进一步显现。今后闽南侨乡各级侨联组织还需继续在引侨资、聚侨智、汇侨力、护侨益上下功夫,着力打好"项目牌""乡情牌""改革牌""阵地牌",更好地服务侨界群众,当好严谨踏实的"引路者",当好侨界群众的"娘家人",当好助力发展的"践行者",把侨联真正打造成归侨侨眷和海内外侨胞可信赖的团结之家、温暖之家、奋斗之家,使侨联成为侨胞侨眷信赖认同的"侨家大院",做一个有温度的闽南侨乡侨联。

(二)瞄准侨领示范作用,凝聚华侨精神

侨团领袖是海外和谐侨社建设的"领头雁",在闽南侨乡乡村振兴乃至"一带一路"倡议的推动都发挥着无可替代的作用。

1. 推动"一带一路"倡议

"一带一路"倡议承载着构建互联互通网络和人类命运共同体的理想与追求,华侨华人作为在"一带一路"建设中联通中外的天然桥梁和纽带,有着独特的优势,理应发挥更大的作用。一是充分发挥闽南侨领在港

澳台地区以及东南亚地区的突出优势,整合侨商侨企资源、建立行业联盟,助力"一带一路"建设的延伸拓展。同时向当地宣传"一带一路"战略的机遇,把"亲、诚、惠、容"的理念深植入当地民众心中,以培育有利于中国和平发展的国际舆论氛围。二是充分依托闽南华侨的民间友好交往资源,做好市场运作和信息沟通,助推闽南以及中国企业"走出去"。三是发挥闽南侨界敢为天下先的精神和华侨创新资源优势,用侨界的创新力量引导助推"一带一路",推动"乡村振兴"提质升级,共同维护和发展面向海外的开放型经济。

2. 带头讲好"中国故事"

闽南侨领通过身体力行的榜样影响着身边的人,同时也让所在国居民充分了解华人的生活习惯和社会诉求,有效沟通了当地居民对华侨族群的戒心,撤除心中长期存在的藩篱。各级组织要增进与海外侨领深入交流,注重发挥侨领的引领作用,讲大局、讲团结、讲奉献,做侨社和谐发展的领路人,为构建和谐侨社、促进中外友好做出更大贡献,做华侨华人社会的重要支撑,带头讲好"梅岭故事""晋江故事",为"中国故事"的海外传播再续新篇。

(三)打造侨字品牌,推进侨乡特色文化建设

闽南侨乡历史文化建设应坚持走"活化与恒定并重"的道路,搭建主题化、系列化、产业化的闽南侨乡文化体系。

1. 提升整体文化实力

提升侨乡整体文化实力,就是要对零星分布的华侨文化资源进行整合,寻找相互的共同点和连接点,构建侨乡文化体系。首先,要凸显华侨文化亮点。要保留地域特点,彰显其文化独特性。如梅岭街道华侨历史文

化以侨领精神为引领，以侨捐学校为亮点，相对其他地区具有其独一无二的特性，应注重通过著书立作、制作公益宣传广告、侨领故事进课堂等方式大力宣传梅岭华侨文化的亮点。另外，打造文化衍生产品，让华侨文化实体化，贴近生活。如围绕梅岭华侨建筑推出建筑拼图，让居民特别是小朋友能够真正深入了解华侨建筑的构造和精神内涵；推出华侨"信件""侨批"文具及明信片，将华侨精神文化依托实体产品传承弘扬，形成良好的市场口碑，推动华侨文化走出去。

2. 打造华侨文化旅游区

闽南侨乡应创新文化发展途径，借鉴五店市和梧林传统村落开发运营模式，精心设计乡村旅游精品路线，打造华侨文化旅游区。首先，精心规划、环境整治、房屋测量和文史资料收集汇编等基础性工作。其次，抢救性保护侨乡历史文化遗产，将侨校旧址、闲置华侨旧居打造成华侨纪念馆、华侨博物馆、华侨民宿等，完善绿化景观，不断提升旅游配套服务体系。第三，通过旅游引导更多人深入了解华侨文化，让外地游客能更加具体实际地接触到华侨历史文化，同时也让华侨古建筑在活态保护中既留住乡愁，又在新世纪焕发新的活力。

3. 筹建梅岭华侨历史博物馆

近几十年，梅岭华侨秉承重学兴教的优良传统，重视家乡教育事业，捐资人数之众、捐建的学校之多以及持续时间之久，在整个闽南地区也很难能找到与之相提并论的同样行政单元。兴建梅岭华侨历史博物馆，集中展示梅岭华侨筚路蓝缕的奋斗历程和爱国爱乡的光荣传统，维系海外华侨华人与祖（籍）地亲缘乡缘的天然联系和情感交流，并以此作为本土历史文脉传承的展示窗口和研究平台，这是贯彻落实习近平总书记新时代侨务工作重要论述的具体措施，是做大做强梅岭文化产业的重要载体，也是对广大社区居民与青少年开展爱国主义教育、历史教育、国情乡情教育的生动的第二课堂。因此，当务之急是要积极筹建一所功能分区明显、现代化的梅岭华侨历史专门博物馆。

（四）发挥侨乡侨校优势，以侨乡精神滋养青少年

1. 鼓励侨校开发校本课程

在坚持深化新课改的大背景下，闽南侨乡侨校尤其要凝练和聚焦侨文化特色。侨校要凭借学校"以侨为桥"的特色，延展教材的探索空间，开设适合各校学生学习需求的、能够发展学生个性特长的且富有闽南侨乡特色的校本课程。课程可将"弘扬华侨精神，培养爱国情操"为基本脉络，以华侨民俗、历史文化遗产以及改革开放以来华侨对我国经济、社会发展的新成就为题材，将优秀感人的海外华侨艰辛卓杰的创业史迹、爱国爱乡故事编入校本教材，在培养学生正确价值观的过程中将华侨文化连同中华优秀文化一起深植于他们的思想中，进而影响他们的一生。侨校还应当在课程设置中重视校史、侨史、乡史教育，促进海内外教育文化的交融，浓郁侨校氛围。同时还把学习空间从教室拓展到其他环境，让学生在真实情景回放中获得在课堂上难以获得的体验，使学生学习优秀华侨历史文化和爱国爱乡、乐善好施、兴学育人、爱拼敢赢、艰苦奋斗、为国奉献等华侨精神，并把这种精神转化为勤奋学习、报效祖国的学习动力。

2. 实施"侨乡+侨校"发展战略

闽南侨乡华侨高等院校是闽南侨乡的独特资源，蕴藏着有待发掘的巨大资源。闽南侨乡可以依托闽南地区侨校智库优势，大力挖掘侨源，积极开展涉侨研究，使侨乡文化得以传承和进一步发展。如加强与厦门大学和华侨大学涉侨机构的交流，设立"闽南侨乡社会建设"研究基地，不仅促

进了侨校的学科发展，而且有力地带动了侨乡社会的发展。

3. 构筑多层次研习体系

青少年和学生群体是华侨历史文化和华侨精神传承的重点对象，在对他们宣扬闽南华侨精神时应该根据不同群体的认知、体验、践行作为着力点。首先，小学生对侨乡精神要"认知"。要让他们知道闽南侨界的领袖和精英人物、海内外闽南人的杰出代表、生平事迹和高尚的道德情操，让他们从小就见贤思齐，在潜移默化中学习，塑造良好的价值观。其次，中学生对侨乡精神要"体验"。可通过活动参与来增进对侨乡历史、侨乡文化、侨乡社会、华侨经济等的了解，强化对侨乡精神的道德认同和情感认同。如可以组织"情缘梅岭——菲律宾之行"前往华侨聚集较密的东南亚国家进行文化交流活动。第三，社会青年对侨乡精神要"践行"。尤其要教育当地青年要用侨乡精神激励自己，延续侨乡的人脉与文脉，使侨乡人、侨乡文化、侨乡精神成为侨乡发展的软实力，积极投身创业大潮[5]。

（五）形成多方合力，搭建闽南侨乡华侨精神的传承与活化体系

闽南侨乡历史文化的传承与活化是一个系统工程，需要政府和侨联组织、侨校侨企、社区居民和华侨领袖和海外新侨等四方力量共同协作。为此，必须建立起一个全社会各利益相关者多方互动的生境，以助于更加有效地传承与活化华侨精神（见图3）。首先，政府和侨联组织在政策和行动上支持侨校、侨企的建设和发展，一是在资金、政策、规划等方面予以侨校更大力度的支持和倾斜，旨在进一步推动侨校内涵建设；二是落实落细各项惠企政策，为侨资企业来闽投资兴业提供了更广阔空间。其次，侨校侨企能够为社区居民带来不可多得的教育和就业资源，一方面构建侨校独有的精神文化系统，发挥侨校文化符号的精神渗透力、文

化传播力和社会影响力,做"一带一路"民心相通的积极践行者;另一方面通过"引进来"和"走出去",引导更多侨资侨智侨力服务侨乡经济社会发展,提升闽南企业走向国际市场、参与国际经济竞争与合作的能力。第三,社区居民在做好具有历史价值的物件保护的同时,积极做好华侨精神的传承和弘扬。以五店市获评"海峡两岸交流基地"为契机,把梅岭进一步打造为两岸交流的重要窗口、传承闽南文化的主要载体和两岸交流合作的先行区。第四,推动闽南侨乡华侨领袖和华侨家族继续传播推广侨乡精神,增进海外新侨对祖国和家乡的认同感,成为闽南文化的弘扬者和传承者,成为讲述"闽南故事"的"金话筒",同时吸引和鼓励他们回国回乡,建功立业。

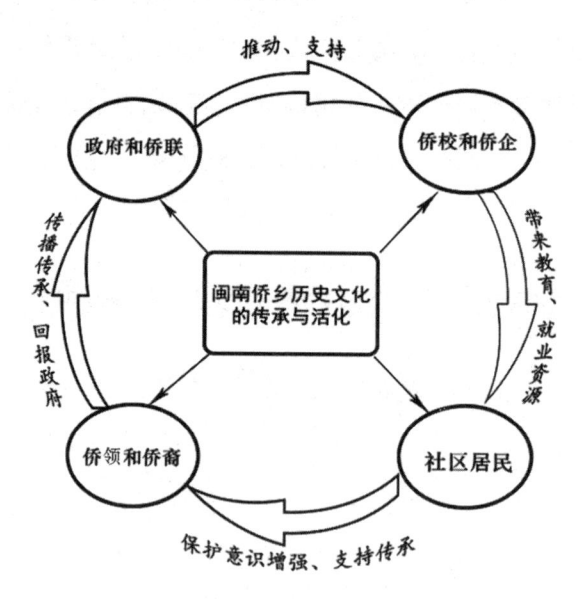

图4 闽南侨乡历史文化的传承与活化体系图

参考文献

[1] 中华人民共和国宪法(2018修正). 2018-03-11.

［2］中国新闻网．栗援平会见列席全国政协十三届一次会议海外侨胞代表［J/OL］．2018 – 03 – 10．

［3］中共中央国务院关于实施乡村振兴战略的意见．2018 – 01 – 02．

［4］韩震．全球化时代的华侨华人文化认同问题研究［J］．华侨大学学报（哲学社会科学版），2007（3）：85 – 90．

［5］李国仿．以侨乡精神滋养青少年的心灵［J］．学习月刊，2010（2）：65．

1．华侨大学　马克思主义学院
2．泉州市晋江　梅岭街道归国华侨联合会

澳门教育发展思考[①]

——基于《粤港澳大湾区发展规划纲要》的视角

高胜文

摘 要：人才被视为社会发展的第一资源。近年，澳门积极参与"一带一路"倡议及粤港澳大湾区的建设，教育发展面临现代化与社会转型的挑战。为此，对澳门教育的现状及优势进行分析，并结合实际情况，在《粤港澳大湾区发展规划纲要》背景下，对澳门教育发展提出一系列可行的建议，以进一步推动澳门参与"一带一路"倡议与粤港澳大湾区的建设。

关键词：澳门；教育；"一带一路"倡议；《粤港澳大湾区发展规划纲要》

一、前言

2019年2月18日，中共中央、国务院印发了《粤港澳大湾区发展规

[①] 高胜文，行政学博士、心理学硕士、管理学学士。非浪漫主义作家、跨领域学者，从事社团社会服务及学术研究工作多年，现任国际（澳门）学术研究院院长、华侨大学粤港澳人才战略研究所所长，研究方向涉及音乐、体育、教育、心理、文学、历史、艺术、粤港澳大湾区、"一带一路"倡议、国际关系、社会、经济及管理等人文社会科学多个领域。

划纲要》（下文简称《纲要》），并发出通知，要求各地区各部门结合实际认真贯彻落实。《纲要》之部分内容，均与教育发展息息相关。近年，特区政府积极配合中央政策，为进一步推动经济适度多元发展，正通过结合教育，大力发展会展、金融、中医药及文化创意等产业。毫无疑问，人才是推动澳门发展的重要保障，本澳正急需上述行业的人才，以及熟悉内地、东南亚、葡语系和欧盟等国家事务的综合能力人才。

虽然特区政府于2014年初设立"人才发展委员会"，负责制订、规划及协调特区人才培养的长远发展策略，对人才供需起到一定的促进作用。但受历史、人口、地理、产业、教育、经济等因素的制约，人才问题在回归前的澳葡政府早已存在，近年，澳门积极参与"一带一路"倡议及粤港澳大湾区的建设，使教育发展面临现代化与社会转型的挑战，直至现时，本澳的教育发展仍面临规模相对较小、未能满足需求、培养结构单一、欠缺全面协调规划、国际化水平及交流互动有待提高等问题[1]。因此，我们应对现时之教育发展作重新思考，并制订一系列可行的建议，以进一步推动澳门参与"一带一路"倡议与粤港澳大湾区的建设。

二、澳门教育现状分析

澳门回归后，在祖国的关心与支持下，教育发展已有长足的进步，并取得了显著的成绩，其现状如下。

（一）发展定位清晰明确

多年以来，澳门形成以旅游博彩业为重要经济支柱的单一产业结构现象，自2003年开始，中央政府为了改变澳门单一产业结构现象，制订一系列政策，促进澳门经济适度多元发展。

2019年2月，中共中央、国务院印发的《纲要》，使澳门有了更清晰的发展定位，《纲要》共十一章内容，指出澳门为粤港澳大湾区四大城市之一，把澳门建设为"一中心、一平台、一基地"，即世界旅游休闲中心、中国与葡语国家商贸合作服务平台、以中华文化为主流，多元文化共存的交流合作基地。《纲要》更明确提出"加强科技创新合作""加强产学研深度融合""推动教育合作发展""建设人才高地"等与人才政策及教育发展息息相关的条文。可以说，现时澳门发展定位清晰明确，政策正逐层演进并深入实施。

（二）教育政策逐步完善

特区政府自成立以来，十分重视教育，一直致力完善澳门的教育政策。在非高等教育方面，特区政府先后制定了第9/2006号法律《非高等教育制度纲要法》《非高等教育范畴德育政策》《非高等教育范畴语文教育政策》《非高等教育发展十年规划（2011—2020年）》《非高等教育私立学校教学人员制度框架》《本地学制正规教育课程框架》及《本地学制正规教育基本学力要求》等政策；在高等教育方面，由于原先在1991年公布的有关高等教育制度的法令已不能配合本澳高等教育的情况及世界高教的发展趋势，特区政府自2002年开始研究修订高等教育法规，并于2004年及2005年先后两次向全澳市民公开咨询，最终于2017年8月公布了第10/2017号法律《高等教育制度》。该法律从保障及持续提升教育素质、强化高等院校自身的管治水平、加大院校在办学及课程设置方面的自主性和灵活性、强化师资队伍、以及提供资源保障等方面提出相关修订，借以促进本澳高等教育的持续优化。在2018年，也先后制定第15/2018号行政法规《高等教育委员会》、第16/2018号行政法规《高等教育基金》、第17/2018号行政法规《高等教育素质评鉴制度》、第18/2018号行政法规《高等教育规章》及第19/2018号行政法规《高等教育学分制度》等政策法规。可以说,教育政策的逐步完善,对澳门教育业的发展起到一定的保障作用。

(三)教育程度持续提升

从图1可见,澳门整体人口的平均学历在过去十多年逐渐提高,以本地居民就业人口的教育程度为例,拥有高等学历的本地居民就业人口占总人口百分比由2010年的20.93%,攀升至2013年的29.48%,再到2016年的34.33%。2018年为38.1%,较2010年上升超过17个百分点。

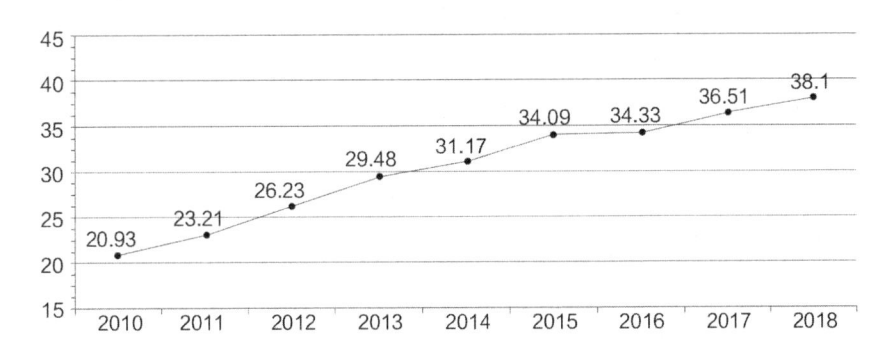

图1 2010—2018年本地居民就业人口高等学历占总人口百分比

数据来源:澳门统计暨普查局网页 http://www.dsec.gov.mo.

从表1可见,仅拥有小学或初中学历的本地居民就业人口在占比上持续减少,由2010年分别为19.99%及26.84%,减少至2018年分别为12.41%及19.73%,而高中学历占总数百分比则多年稳定维持在27%的水平。

表1 2010—2018年本地居民就业人口学历分布

年份	小学教育占总数百分比	初中教育占总数百分比	高中教育占总数百分比	高等教育占总数百分比
2010	19.99	26.84	27.34	20.93
2011	17.70	27.09	27.03	23.21
2012	16.10	25.40	28.08	26.23
2013	15.18	24.01	27.39	29.48
2014	14.44	23.24	27.91	31.17
2015	13.61	21.70	27.47	34.09
2016	14.16	20.57	27.42	34.33
2017	12.80	20.45	27.28	36.51
2018	12.41	19.73	27.09	38.10

数据来源：澳门统计暨普查局网页 http://www.dsec.gov.mo

近年，澳门高等学历与非高等学历的人口分别呈正增长及负增长，这反映了澳门整体人口的教育程度持续提升。

（四）各阶段教育具有良好的基础及优势

现时，澳门负责非高等教育的部门是澳门教育暨青年局。学校系统由公立学校和私立学校组成，并以私立为主、公立为辅。早于1995年，澳门已开始推行七年免费教育津贴制度，特区成立后，特区政府逐步扩大免费教育的范围，并在2007年将免费教育津贴制度扩展至正规教育的十五个年级，成为亚洲首个提供十五年免费教育的地区。2006年《非高等教育制度纲要法》颁布实施后，非高等教育分为正规教育和持续教育两种类型。正规教育包括幼儿教育、小学教育、中学教育和特殊教育；持续教育则包括家庭教育、回归教育、小区教育、职业培训以及其他教育活动。职业技术教育只在高中阶段开设，可同时在正规教育和回归教育中实施。据教育暨青年局统计数据显示，2017/2018学年，澳门共77所学校，其中公立学校10所，私立学校67所，非高等教育的学生总数为78,039人[2]。

在高等教育方面，澳门高等教育局负责澳门的高等教育，由于澳门的现代高等教育发展只有30多年，早期高等院校较少，提供的课程及学术范畴亦较为单一。但随着院校逐渐增加，以及社会对不同专业知识的需求，课程类别已日趋多元化。据澳门高等教育局统计数据显示，澳门现有10所高等院校，当中4所为公立，6所为私立。2016/2017学年，各院校教学人员共2,265人，高等教育课程注册学生32,750人，并有267个高等教育课程运作，当中包括博士学位、硕士学位、学士学位、高等专科学位、学位后文凭及高等教育文凭课程。另外，2016年共有19所外地高等院校经批准在澳门开办了34个高等教育课程[3]。

目前，在社会各界的共同努力下，澳门教育业取得了一定的成绩。非高等教育透过持续完善15年免费教育制度，及有序落实《非高等教育发展十年规划（2011—2020年）》的各项政策和措施。另一方面，高等教育也稳步发展并已逐渐获得国际认可，多所院校开办的不同类型课程获得国际专业认证，个别院校的大学排名有所提升，随着《高等教育制度》的正式公布，高等教育的发展得到进一步保障，亦赋予院校更大的自主性及灵活性，让其更有效地为社会培育各类优秀人才。综上所述，澳门各阶段教育具有良好的基础及优势。

三、澳门教育优势分析

历史上，粤港澳三地因地缘相近、人缘相亲、文缘相通，坚持平等协商、优势互补、共同发展，开展了全面而深入的交流合作，合作历史悠久，成果丰硕。

在非高等教育方面，广东职业教育规模位居全国首位，近年来，中等职业学校办学规模保持高位稳定，布局结构不断优化。《广东省中等职业教育质量年度报告（2018）》指出，2018年广东省共有独立设置的中等职业学校444所，全省共有39所为国家中等职业教育改革发展示范校，124所国家级重点中等职业学校，48所省级示范校，225所省级重点中等职业学校。全省高中阶段教育招生普职比为55.3：44.7，在就业方面，71.70%的中等职业学校毕业生从事普通技术工作，55.84%的中等职业学校毕业生具有初、中级专业技术等级证，中等职业教育为区域经济社会发展输送了大量初、中级劳动技能人才；香港教育在世界上享有很高的声誉，并孕育多位诺贝尔奖、菲立兹奖以及沃尔夫奖等学术界最高成就奖得主。回归后，香港进行了多次教育改革，在2015年及2016年的《施政报告》中承诺更新及丰富科学、科技和数学的课程和学习活动、加强师资培训、并将更积极推动STEM①教育，推动STEM教育旨在培养学生在科学、科技方面的终身学习能力，让他们了解自己的潜能，应对21世纪的种种挑战，从较宏观的角度而言，推动STEM教育亦为香港培育具备不同知识和技术水平的多元人才，以提升香港在国际的竞争力，从而对国家的发展做出贡献；澳门，是中国历史上第一个对外开放的城市，作为四百多年来中西文化交汇之地，具独特的历史文化背景。东西方教育源流在澳门各有其支流。16世纪中叶，以葡萄牙人为主的西方人东来澳门，澳门教育从封建科举制逐步走向现代化，开创了东方教育的先河，形成了今天澳门多元共存、灵活自主、自由开放、定位清晰、逐步完善的教育环境。近20年来，澳门人口素质不断提高，特区竞争力日渐增强。历年来，澳门学生参加国际性的比赛，均能够屡次获奖。以"学生能力国际评估计划（PISA）"为例，澳门自2003年参与至今，被认为是世界上既有高教育

---

① STEM一词是科学（Science）、科技（Technology）、工程（Engineering）和数学（Mathematics）各科英文首字母的缩略词。推动STEM教育可配合全球教育趋势，装备学生掌握所需的知识和技能，以迎接经济、科学和科技的急速发展，以及社会和全球的种种转变与挑战。

质量且兼备教育公平的 8 个教育系统之一，综合澳门 PISA2015 三项核心素养的平均表现，皆位处参与 PISA2015 测试的 72 个国家/经济体中的前列位置，这显示澳门自回归祖国后，非高等教育事业在各方的努力下，取得了令人鼓舞的成绩。

在高等教育方面，粤港澳三地高校各有优势，广东省高校数量超过 150 所，高校数量位居全国第二且办学历史悠久。其中，985 高校有 2 所（中山大学、华南理工大学），211 高校有 4 所（中山大学、华南理工大学、暨南大学和华南师范大学）；香港则拥有世界级的优质大学，是区内的教育枢纽，有世界 100 强大学 4 所。其中，香港科技大学在 2018 年《金融时报》全球 EMBA 课程评比中连续三年位列榜首，香港大学工商管理硕士课程于 2018 年连续第九年获《经济学人》评为亚洲之冠，而香港大学牙医学院于 2018 年连续第三度获 QS 评为全球第一牙医学府[4]；澳门部分院校已在课程质量、知名度、师资实力、国际网络等方面获得国际认可。其中，澳门大学为 2016 年全球国际化大学排名世界第 6 位、澳门理工学院致力发展为中葡双语与博彩课程特色院校、澳门旅游学院的款待及休闲管理学科被 QS 评为 2017 年亚洲第 2 位及全球第 18 位[5]、澳门城市大学在人文社科领域的学科优势明显，其旅游业管理专业的博士、硕士、学士学位课程为目前澳门唯一均获联合国世界旅游组织（WTO）TedQual 优质教育素质认证的特色课程。大学率先成立了澳门唯一的葡语国家研究院及"一带一路"研究中心[5]。

四、澳门教育发展思考

粤港澳大湾区的发展离不开科学技术的创新，教育是推动创新的重要动力。如果说纽约湾区是"金融湾区"，旧金山湾区是"科技湾区"，东京湾区是"产业湾区",那么,未来粤港澳大湾区的定位就是"人才湾区"①,澳门更应发展为"世界人才中心"。

不可否认,澳门需要建立一套更完善的人才发展机制,为社会发展提供适当的人才。国际(澳门)学术研究院院长、华侨大学粤港澳人才战略研究所所长高胜文博士建议,特区政府应结合实际,认真贯彻落实《纲要》之内容,全面协调政产学研,并在区域合作模式下,继续扩大基础教育交流、深化高等教育合作、推动职业教育融合发展,务求创新科技、基础教育、高等教育领域取得新成绩,解决合作办学、职业教育、课程改革、师资交流及学历学位互认等政策障碍。尤其在高等教育方面,要推动协同发展,需建立政府间双边和多边磋商、协调、合作机制,共建一批高精尖研究中心和产学研用一体化创新中心和粤港澳大湾区教育科技信息服务与合作平台,并探索举办"湾区联合大学",从多方面加强人力资源培训[1]。

因应现时澳门专业人才不足的现况,有必要推动各级教育合作发展、合作办学,借此加强各类人才培养。在非高等教育方面,通过鼓励粤港澳三地学校结为"姊妹学校"、在粤开办港澳子弟学校、开放港澳中小幼学校教师到广东考取教师资格并任教、完善跨区域就业人员随迁子女就学政策、加强职业教育、推动各类文化教育社团交流合作等措施,为打造以中华文化为主流、多元文化共存的交流合作基地夯实基础。

在高等教育方面,基于粤港澳三地高校各自优势,澳门可通过"飞地

---

① 粤港澳大湾区人口接近七千万人,是全球湾区人口之冠,可发展为"人才湾区"。

办学""飞地教育"等模式①，支持粤港澳高校合作办学。一方面向其他国家地区输出旅游教育经验，建设中葡双语人才培训基地及旅游教育培训基地；另一方面借助其他国家地区的教育资源及优势，培养紧缺人才，在建设"广州—深圳—香港—澳门"科技创新走廊的基础上，长远推进"粤港澳科技创新教育走廊"的建设，从而构建"国际教育示范区"。

五、总结

随着《粤港澳大湾区发展规划纲要》的进一步贯彻落实，未来澳门特区政府应继续凭借自身的优势，通过加强各类人才培养，应对现代化与社会转型所引起的各类人才问题与挑战，以进一步推动澳门参与"一带一路"倡议与粤港澳大湾区的建设，并早日实现《纲要》中订定之"打造教育和人才高地"之目标。

参考文献

[1] 高胜文倡办湾区联合大学 [N]. 澳门日报，2019 - 02 - 17.

[2] 2017 年澳门教育年鑑，引自澳门教育暨青年局网页. http://portal. dsej. gov. mo/webdsejspace/internet/Inter_main_page. jsp.

---

① 香港通过"飞地办学""飞地教育"的模式，发挥香港高教界的特点及国际化的优势，这不单有助于把大湾区打造成国际化教育基地，也为粤港两地的学生开拓更多协同创新的机遇。继香港浸会大学于 2005 年与北京师范大学于珠海合办联合国际学院及香港中文大学于 2014 年与深圳大学合办香港中文大学（深圳）之后，香港科技大学也正积极筹备在广州开设分校，目标是在 2021 年 9 月开校。另外，据 2019 年 9 月 2 日澳门日报报道，珠海推进与澳门城市大学合作办学顺利，珠海市政府已与澳门城大基金会签备忘录，计划在横琴合作培养中葡双语人才。该项合作拟设立中葡联合研究生院，通过联合学位、硕博连读、本硕连读等多种学位形式，与葡萄牙、巴西、西班牙大学联合培养研究生，设立中葡联合实验室，引入葡萄牙、巴西、西班牙及内地大学高端实验室及研究团队，培育国家重点实验室。设立中葡科技创新与转化基地、中葡联合国际学院。

[3] 澳门高等教育概况，引自澳门高等教育局网页. http://www.gaes.gov.mo.

[4] 粤港澳大湾区建设—教育，引自 https://www.bayarea.gov.hk/tc/opportunities/education.html.

[5] 黄竹君. 发挥澳门旅游教育优势 助力"一带一路"建设 [M]. 澳门特别行政区政府政策研究室，澳门基金会，思路智库."一带一路"与澳门发展. 澳门：澳门基金会，2018：92-98.

[6] 澳门城市大学简介，引自澳门城市大学网页. https://www.cityu.edu.mo.

[7] 刘羡冰. 澳门教育史 [M]. 澳门：澳门出版协会，2007.

[8] 高胜文. 论澳门教育现代化 [M]. 澳门：国际（澳门）学术研究院，2013.

[9] 学者四建议打造人才发展 [N]. 澳门日报，2019-09-14.

国际（澳门）学术研究院　华侨大学粤港澳人才战略研究所

回归二十年：澳门回归教育的回顾与前瞻[①]

高胜文

摘 要：澳门回归教育作为正规教育的补充，也是持续教育的组成部分，在相关部门的大力推动下，为澳门人口整体素质的提升作出了巨大的贡献。但是，近年在现代化与社会转型的挑战下，澳门回归教育也难逃萎缩的命运。对此，回顾及分析澳门回归二十年来，回归教育的发展与现况，并就澳门回归教育的发展趋势，提出重新思考发展定位、提高资助津贴额度及变革转型吸纳生源的建议，以进一步推动澳门回归教育的发展。

关键词：回归教育；持续教育；成人教育；夜校；澳门

一、前言

回归教育就字面而言，回归（recurrent）一词由拉丁文（recurro）转

[①] 高胜文，行政学博士、心理学硕士、管理学学士。非浪漫主义作家、跨领域学者，从事社团社会服务及学术研究工作多年，现任国际（澳门）学术研究院院长、华侨大学粤港澳人才战略研究所所长，研究方向涉及音乐、体育、教育、心理、文学、历史、艺术、粤港澳大湾区、"一带一路"倡议、国际关系、社会、经济及管理等人文社会科学多个领域。

化而来，其意思为间隔式返回（returning at intervals），亦即个人从某处每间隔一段时间重新回来之意。故所谓回归教育是指个人以间隔的方式重回组织化的学习活动，不管其是否在就业或非就业时期，或休闲或退休的时候均然[1]。

回归教育的理念，始于20世纪60年代后期，在欧洲首先发生。此一理念的兴起，主要在于当时以正规教育方式来达成多元教育目标的严重怀疑。由于当时人们基于消弭社会不平等的要求、因应生活和工作的需要、"贬学校"教育思想的影响及缩短不同世代间教育差距的需要等理由[2]，回归教育正是在这种社会现象与思考的情形下诞生。

回归教育一词的提出，为1969年经济合作发展组织在法国凡尔赛（Versailles）举行研讨会时，当时瑞典的教育部长巴莫（Olfa Palme）首先提出此一概念。其最主要的意思，是以回归教育作为促进社会民主和保障个人自由的重要手段[3]，可以看出，回归教育强调受教育者的平等权利。同时，它主张教育不要一次完成，而要根据个人的兴趣、职业、社会经济状况等因素，在一生中选择最需要学习的时候接受灵活有效的教育[4]。此后，瑞典政府更为回归教育正式立法，回归教育的理念被提出后，随即为在欧洲的"经济合作发展组织"及其"教育研究与改进中心"所接收，而被认为是"本世纪教育的第一个新理念"[5]。其后，在联合国教科文组（UNESCO）及欧洲议会（Council of Europe）等国际组织的推广下，回归教育的理念与内涵成为持续教育的重要一环，为教育界所熟悉及热切探讨的主题。

深入而言，回归教育是一种认为人的一生应是学习和工作不断交替、相互结合的过程，接受义务教育或基础教育乃至高等教育后就业的成年人，应在需要时又返回学校去学习。相对于传统教育视学生辍学为消极行为，回归教育则认为可以化作积极行为，即在一定时期内主动离开校园，就业、旅行和进行社会活动，尔后重返学校，这样会提高学习效果。

综上所述，回归教育对个人以至社会而言，其重要性不言而喻。与世界各地一样，澳门回归教育也同样获得法律的明确保障。第 9/2006 号法律《非高等教育制度纲要法》第十五条对此作出了具体定义，"回归教育是指向在各教育阶段适龄期未修读或未合格完成正规教育者提供的相应程度的教育。"

为确保在适龄时未能接受正规教育及辍学之人士，以及为知识之提高或为在职业中之晋升有意接受教育之人士，有接受第二次教育之机会；以及提高成人之教育水平，此乃由于目前成人之教育水平比其他年龄组别人士之教育水平低；并以系统方式扫除文盲[5]。澳门政府于 1996/1997 学年开办回归教育课程，2005 年开办日间和夜间高中回归教育课程，2007 年推行回归教育津贴制度。

澳门回归教育作为正规教育的补充，也是持续教育的组成部分，在相关部门的大力推动下，为澳门人口整体素质的提升作出了巨大的贡献。但是，近年在现代化与社会转型的挑战下，本澳回归教育也难逃萎缩的命运。对此，本文回顾及分析澳门回归二十年来，回归教育的发展与现况，并就澳门回归教育的发展趋势，提出适切的建议，以进一步推动澳门回归教育的发展。

二、澳门回归教育的发展回顾[①]

本文以 1991 年 8 月 16 日公布的第 11/91/M 号法律《澳门教育制度》及 2006 年 12 月 21 日公布的第 9/2006 号法律《非高等教育制度纲要法》为特别界点，再结合相关历史因素，把澳门回归教育的发展史分为以下三个时期。

---

① 本节根据以下资料整理而成（特别标注出处之文献资料除外）：1. 梁文慧. 澳门持续教育创新发展策略与保障体系研究［M］. 北京：中国社会科学出版社，2013：96 – 105；2. 陈志峰，王锦江. 澳门回归教育制度发展的回顾与前瞻［J］. 中国成人教育，2017（16）：109 – 113.

(一) 1991 年以前的澳门成人教育发展

澳门的回归教育是持续教育的一个重要环节，而澳门的持续教育起源于成人教育，并由成人教育逐渐演变而成。澳门开埠至 20 世纪初，经济长期发展缓慢，加上当时澳葡政府对教育不重视，使澳门整体教育事业发展非常缓慢，造成澳门人口文化程度普遍偏低[①]。

直到 20 世纪 70 – 80 年代纺织制造业的兴起及内地的改革开放政策，随着银行、保险、房地产等高附加值服务业的开拓及发展，澳门进入了第二次经济转型，社会对人才需求增加，澳葡政府也开始关注及重视教育的发展。

1982 年，由澳门工会联合总会主办的澳门业余进修中心成立，为社会提供各式各样的成人教育，如商业会计、计算器技术等。业余进修中心的成立，可谓是澳门成人教育的里程碑；同年，澳门电视技术学校、致远英专学院成立；其后，澳门经济司在 1983 年设立职业培训中心，1983 年还建立了澳门健美学院、蔡晓明舞蹈学校、建筑工程学校；1984 年项秉华芭蕾舞学校、澳门行隐画学会、灵均会计专科等设立。1985 年澳门教育司设立成人教育处，推广成人教育及职业教育。此后，澳门公立与私立成人教育均获得较大的发展。

1987 年《中葡联合声明》签署后，为了实现将澳门人才留在澳门学习和工作的基本策略，澳葡政府在 1988 年收购东亚大学，并将该校一分为三，分别是综合性类型的澳门大学、应用型的澳门理工学院以及持续进修型的亚洲公开大学，其中前两者属于公立院校，后者则继续维持私立性

---

① 据澳门统计暨普查局资料显示，1991 年人口普查是澳门回归前最后一次的人口普查，是次人口普查具高等教育学历人口比例为 4.4%；2001 年人口普查是回归后的第一次人口普查，是次人口普查具高等教育学历人口比例为 7.4%；而 2018 年本地居民就业人口中，高等教育占总数百分比为 38.1%，这反映了回归后澳门整体人口的教育程度持续提升。

质。澳门理工学院及亚洲公开大学开始为在职人士提供持续教育课程，澳门成人教育的发展又到了一个新的阶段。

综上所述，在20世纪90年代以前，澳门成人教育因应社会变迁而逐步得以发展，虽然发展形势相对粗放，公、私各校开设的课程质量参差，未能完全满足澳门社会发展的需要与居民对教育的需求，但也为澳门后来的持续教育发展奠定了一定的基础。

（二）第11/91/M号法律《澳门教育制度》下的澳门回归教育发展

随着上世纪末澳门成人教育的发展，终身教育的理念逐渐在澳门社会普及起来，促使澳葡政府在订立教育法律制度时，把持续教育体系透过法定的形式逐步建立起来。

1991年8月16日，澳葡政府公布了史上第一部适用于全澳的教育法律——第11/91/M号法律《澳门教育制度》（下文简称《教育制度》）。《教育制度》明确提出，澳门应推行10年普及免费义务教育，赋予私立学校行政、财政、教学以及教学语言的自主权，且政府依法向纳入教育制度的不牟利私立教育机构提供财政上的资助，并推行有倾向性的免费教育，由此逐步形成了澳门现今具有独特性的"公费投入，私校办学"模式。与此同时，《教育制度》明确提出成人教育的目标："a）扫除文盲及半文盲；b）对没有接受或未完成正规教育的人士提供教育机会；c）促进公民教育及文化活动。"[7]该法律还指出，成人教育包括在持续教育及社会教育范畴内的各种非正规模式的成人教育。另一方面，规定成人教育应有一套适合成人的特点而设计的弹性学习计划，并颁发与正规教育同等效力的文凭。在不妨碍发展本身的活动情况下，行政当局优先支持私人机构发展成人教育。

其后，澳葡政府为补充《教育制度》有关成人教育的内容，遂于1995年颁布第32/95/M号法令《订定在回归教育以及延续及社会教育方面成人教育之组织及发展总框架》（下文简称《成人教育》）进一步将成人教育分为延续教育和回归教育两大类，也制定了回归教育与延续教育方面成人教育之组织和发展总框架。《成人教育》指出，回归教育为成人教育之一种模式，其组织及学习计划应与所教授之对象之年龄特征、生活经验以及知识水平相适应，以使其取得一定程度之资格，并获颁发与正规教育等同之证书及证明书。同时，该法令指出，回归教育的目的："a）确保在适龄时未能接受正规教育及辍学之人士，以及为知识之提高或为在职业中之晋升有意接受教育之人士，有接受第二次教育之机会；b）提高成人之教育水平，此乃由于目前成人之教育水平比其他年龄组别人士之教育水平低；c）以系统方式扫除文盲。"[8]

在相关法例的支撑下，澳门回归教育的工作得以逐步开展，当时教育暨青年司于 1996/1997 学年推出小学回归教育课程，采用累积单元学分。到 1999 年，初中回归教育也得以开展，同年，颁布第 1/SAAEJ/99 号批示《核准以中文为教学语言之官立初中回归教育之课程组织、教学和行政组织、评核制度和课程计划》，其目标是"向在过去适龄却未能接受学校教育的青年人和成年人提供平等的学习机会，采用交替的教学模式，促进这些人士的教育水平的提高，使之达至个人学习及长期自我培训的目标。"[9]使之把握融入就业市场和社会的新机会。

回归在即，社会对于人才的需求大大增加，加上终身学习理念在澳门越来越普及，《教育制度》已逐渐不能满足澳门发展的需求，因此，回归后澳门开始酝酿新一轮的教育改革，回归教育的优化也同样包括其中。

（三）第 9/2006 号法律《非高等教育制度纲要法》下的澳门回归教育发展

澳门特区政府非常重视教育发展，积极推动终身学习的风气。加上回归后澳门经济发展势头良好，社会求才若渴，正规教育体制和持续教育体制均迎来了发展的机遇。

在 2003 年，教育当局推出《持续进步，发展有道—澳门教育制度修改建议》，对教育制度改革进行公开咨询，广泛听取社会各方的意见。2004 年，《〈澳门特别行政区教育制度〉法律草案咨询意见稿》公布，文本中对各教育类型进行了规范，包括持续教育，并把回归教育纳入持续教育体制的部分，更提出回归教育主要面对已超过各教育程度就读年龄者实施的、可授予中小学学历的教育。同时，草案也提出了回归教育的教育程度包括小学、初中、高中程度，而高中程度的回归教育既可设普通课程，也可设职业技术课程。

2006 年年底，根据《澳门特别行政区基本法》第七十一条（一）项的规定，在社会共识下，第 9/2006 号法律《非高等教育制度纲要法》（下文简称《纲要法》）顺利获立法会通过，这标志着澳门回归教育得到进一步规范与完善。《纲要法》第十三条明确指出，"持续教育指正规教育以外的各种教育活动，包括家庭教育、回归教育、社区教育、职业培训以及其他教育活动。"同时，《纲要法》进一步完善回归教育的规定："一、回归教育是指向在各教育阶段适龄期未修读或未合格完成正规教育者提供的相应程度的教育；二、回归教育除不设幼儿教育外，其教育阶段的划分与正规教育相同，但具有配合受教育者的特点而弹性设计的学习计划和课程；三、政府应为回归教育的发展提供条件和资源；四、为获得回归教育学历，须通过教育行政当局统筹的、由若干核心科目组成的标准评核；五、回归教育学历与正规教育学历具有同等效力；六、与第四款所指评核实施有关的规定，由专有法规订定。"[10]

澳门特区政府于 2016 年公布的《澳门特别行政区五年发展规划（2016—2020）》（以下简称《五年规划》）中，明确列明了"持续推动回归教育"政策方向,承诺"未来五年,将完成回归教育课程框架和回归教育津贴制度的行政法规,向开办回归职业教育的学校发放开办费、补充资助及更新设备津贴,提升回归教育学生的学历程度和社会竞争力。"[11]特区政府重视回归教育的转型,并配合社会发展而酝酿新一波的制度改革。

回归教育经过多年发展,让不少成年人或失学青年能够通过第二次接受教育的机会,并取得相应的学历,有效提高自身的涵养,更好地适应当今劳动力市场的需求,同时也逐步提升了澳门居民的整体素质,对澳门社会发展给予很大的助力。不过,随着2013年"一带一路"倡议的提出及2019年《粤港澳大湾区发展规划纲要》的正式发布,近年澳门努力落实世界旅游休闲中心、中国与葡语国家商贸合作服务平台、以中华文化为主流,多元文化共存的交流合作基地,即"一中心、一平台、一基地"的功能定位,回归教育无可避免面临社会转变的挑战,我们必须适时检讨现行的回归教育制度,以更好地配合澳门社会发展的需要。

三、澳门回归教育的现况

下文将从澳门回归教育的教育政策、学生人数、资助津贴、发展定位等方面,对澳门回归教育的现况作出分析。

（一）教育政策逐步完善

特区政府自成立以来,十分重视教育,一直致力完善澳门的教育政策。在回归教育方面,特区政府先后制定了第9/2006号法律《非高等教育制度纲要法》、第19/2006号行政法规《订定免费教育津贴制度》、第3/2012号法律《非高等教育私立学校教学人员制度框架》、第21/2018号行政法规《回归教育津贴制度》、第107/2020号行政长官批示《关于回归教育每班发放的津贴金额事宜》等政策。

在小学回归教育方面，第 51/2000 号社会文化司司长批示《核准以中文为教学语言的公立小学回归教育的课程计划、教学及行政组织，以及评核制度——废止七月二十二日第 20/SAAEJ/96 号批示》，规范了以中文为教学语言的公立小学回归教育的课程计划、教学及行政组织等，有关课程计划见表1。

表1　小学回归教育课程计划

培训模式	学科	课节	单元数目
必修科目/学科领域	中文	8	18
	数学	5	18
	社会	3	9
	自然科学	3	9
选修科目*	第二语言	3	9
	计算机	3	9
	视觉教育	3	9

注：*学员任意选读其中两科。

一、每课节为四十分钟。

二、每学年上课一百八十天。

在初中和高中回归教育方面，第 73/2008 号社会文化司司长批示《核准初中和高中回归教育的新课程计划》，核准初中和高中回归教育的新课程计划，有关课程计划见表2及表3。

表2　初中回归教育的课程计划

培训模式	科目	单元数目	每周节数（a）
必修	中文	9	4
	数学	9	4
	自然科学	8	3
	人文及社会科学	6	3
	信息	5	2

续表

培训模式	科目	单元数目	每周节数（a）
选修（b）	葡文	6	2
	英文	6	2
	艺术教育	5	2
	经济与会计	4	2
	电学与电工	6	2

注：（a）每课节为四十分钟或四十五分钟。

（b）在选修科目中任选三科，其中最少一科为语言科。

表3 高中回归教育的课程计划

培训模式	科目		单元数目	每周节数（a）
必修	中文		9	4
	数学		9	4
	信息		4	2
	个人及社会发展		6	1
学科领域（b）	人文及社会经济	地理	6	2
		历史	9	2
		经济与会计	6	2
	科学及技术	生物	9	2
		物理	9	2
		化学	6	2

注：（a）每课节为四十分钟或四十五分钟。

（b）学生可在该范围内任选一学科领域就读。

（c）选修科目中任选二科，其中最少一科为语言科。

可以说，教育政策的逐步完善，对澳门回归教育的发展起到一定的保障作用。

（二）学生人数逐年递减

回归二十年来，澳门整体人口的平均学历逐渐提高，以本地居民就业人口的教育程度为例，拥有高等学历的本地居民就业人口占总人口百分比由 2010 年的 20.93%，攀升至 2013 年的 29.48%，再到 2016 年的 34.33%。2018 年为 38.1%，较 2010 年上升超过 17 个百分点。（见图 1）

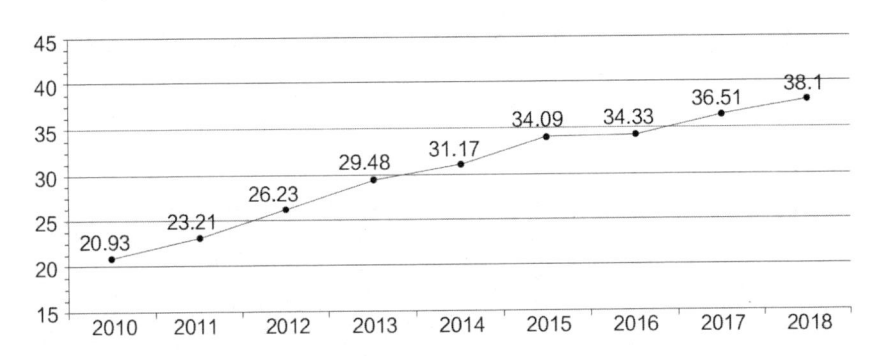

图 1　2010—2018 年本地居民就业人口高等学历占总人口百分比

资料来源：澳门统计暨普查局网页 http：//www.dsec.gov.mo.

从表 4 可见，仅拥有小学或初中学历的本地居民就业人口在占比上持续减少，由 2010 年分别为 19.99% 及 26.84%，减少至 2018 年分别为 12.41% 及 19.73%，而高中学历占总数百分比则多年稳定维持在 27% 的水平。近年来，澳门高等学历与非高等学历的人口分别呈正增长及负增长，这反映了澳门整体人口的教育程度持续提升，也说明当今澳门社会对回归教育的需求呈下降趋势，导致学生数量持续减少。

表 4　2010—2018 年本地居民就业人口学历分布

年份	小学教育占总数百分比	初中教育占总数百分比	高中教育占总数百分比	高等教育占总数百分比
2010	19.99	26.84	27.34	20.93
2011	17.70	27.09	27.03	23.21
2012	16.10	25.40	28.08	26.23
2013	15.18	24.01	27.39	29.48
2014	14.44	23.24	27.91	31.17
2015	13.61	21.70	27.47	34.09
2016	14.16	20.57	27.42	34.33
2017	12.80	20.45	27.28	36.51
2018	12.41	19.73	27.09	38.10

资料来源：澳门统计暨普查局网页 http：//www.dsec.gov.mo.

现时,澳门回归教育分为小学回归教育、初中回归教育及高中回归教育,其中,高中回归教育包括职业技术教育课程。据 2018/2019 学年学校基本资料显示,回归教育学校共有 11 间,其中,公立学校 3 间,私立学校 8 间。学生人数共 1451 人,教学人员共 179 人(见表 5)。

表 5　2018/2019 学年澳门回归教育统计资料

類別		學生數									合計	教學人員數			合計
		小學		初中				高中[1]				小學	中學	校長和中高層	
		P6	PR	SG1	SG2	SG3	GR	SC1	SC2	SC3	CR					
公立學校	人	-	78	-	-	-	51	-	-	-	115	244	7	2	-	9
	班	-	2	-	-	-	2	-	-	-	5	9				
私立學校	人	2	-	15	43	163	-	243	303	438	-	1,207	1	152	17	170
	班	1	-	2	4	9	-	14	20	23	-	73				
合計	人	2	78	15	43	163	51	243	303	438	115	1,451	8	154	17	179
		80		272				1,099								
							1,371									
	班	1	2	2	4	9	2	14	20	23	5	82				
		3		17				62								
							79									

资料来源:澳门教育暨青年局《非高等教育统计数据概览 2019》。

注:P6 为小学六年级,PR 为小学回归教育;SG1－SG3 为初中一年级至初中三年级,GR 为初中回归教育;SC1－SC3 为高中一年级至高中三年级,CR 为高中回归教育。

回顾历年澳门回归教育统计资料,澳门回归教育总学生人数自开办的最初 5 年逐年上升,其后渐趋平稳,2009/2010 学年总学生人数达最高峰,为 3366 人,之后逐年减少,2018/2019 学年总学生人数为开办 20 年来最低,只有 1451 人。从总体趋势可见,回归教育的总体规模自 2010/2011 学年开始呈下降趋势,2018/2019 学年总体人数较 2009/2010 学年下降约 57%;教学人员则不断壮大,由最初的 106 人,到现时的 179 人(见表 6)。

表 6　历年澳门回归教育统计资料

学年	学生数 男	学生数 女	学生数 合计	班数	教学人员数
1999/2000	1555	1332	2887	72	106
2000/2001	1793	1360	3153	77	114
2001/2002	1814	1355	3169	80	122
2002/2003	1890	1468	3358	85	126
2003/2004	1952	1491	3443	89	150
2004/2005	1749	1356	3105	76	124
2005/2006	1661	1394	3055	77	127
2006/2007	1539	1331	2870	73	133
2007/2008	1641	1326	2967	83	129
2008/2009	1683	1235	2918	85	135
2009/2010	2003	1363	3366	88	153
2010/2011	1893	1268	3161	86	164
2011/2012	1640	1066	2706	87	150
2012/2013	1452	960	2412	84	173
2013/2014	1264	861	2125	83	182
2014/2015	1187	818	2005	83	172
2015/2016	1156	781	1937	81	170
2016/2017	1073	723	1796	82	175
2017/2018	1035	658	1693	80	178
2018/2019	891	560	1451	82	179

资料来源：根据澳门教育暨青年局《教育数字概览（2009/2010 教育数字、2008/2009 教育概要)》及《非高等教育统计数据概览 2019》资料，自行整理所得。

自 2006 年《纲要法》订立以来，越来越多符合资格的澳门居民在教育政策的推动下，回流到回归教育系统求学，并考取基础学历，再加上澳门经济环境的变化，特别是 2008 年国际金融危机前后，澳门不少行业进入调整阶段，虽然失业率维持于 3% 至 4% 之间，但也令不少教育水平相对较低的本地劳动人口意识到必须提高自身素质，报读回归教育以提高学历是劳动人口自我提质的路径之一，故回归教育的学生人数在那段期间持续增长。但国际金融危机过后，澳门经济迅速回稳，并有较大发展，这导致澳门的人力资源市场愈趋紧张，致使重返校园的劳动人口减少。同时，十五年免费教育政策初见成效，使得因为经济因素无法继续升学的人口持续减少。在各种因素的作用下，使澳门回归教育学生人数逐年递减。[12]

（三）资助津贴有待提高

澳门回归教育作为正规教育的补充，也是持续教育的组成部分，在相关部门的大力推动下，为澳门人口整体素质的提升作出了巨大的贡献。但是，本澳近年回归教育的学生人数不多，且逐年减少，年龄和学业基础差异较大，求学动机相对薄弱。澳门回归教育的老师既要符合正规教育的入职要求，又要有成人教育的教育经验，还需付出更多的耐心和细心，夜以继日地进行教育工作，既要兼顾一般课程要求，课后的个别辅导也比正规教育为多，对学生的品行纠正和习惯养成尤其着力。澳门回归教育学生学历等同于正规教育，其教学要求和正规教育并没有太大的差异，回归教育的老师入职要求也和正规教育一样。但是，政府对回归教育的学费资助却只有正规教育的三分之二左右，政府对澳门回归教育的最高班师比资助也只有正规教育的四分之三左右。不少回归教育学校都反映，因办学经费不足，只能"削足适履"地开展教育教学[13]。因此，回归教育界期望教育当局提高资助津贴的呼声不少。

（四）发展定位有待确立

如今，正规教育已实施法定的《本地学制正规课程框架》及《本地学制正规教育基本学力要求》，但教育部门仍未为回归教育的发展模式作重新思考，现时回归教育的发展模式，均依据持续教育和正规教育原有的法规所施行，如回归教育机构之监管、学校运作、师资要求及课程设置等，均未受专有法规所规范。故此，不少意见认为，有关当局有必要重新思考回归教育的发展定位，否则难以适应当今社会发展，更遑论回归教育的可持续发展。

四、澳门回归教育的展望与建议

从澳门回归教育的现况可见，其发展面对不少困境，本文结合当前回归教育体系存在的障碍与不足，并就澳门回归教育的发展趋势，对政策层面、资源层面及生源层面，提出以下建议，以进一步推动澳门回归教育的发展。

（一）重新思考发展定位

近年本澳回归教育办学愈见困难，面对时代的发展，当局应对回归教育的定位和发展方向作重新思考，加大支持力度，制定相关扶助政策。诚言，回归教育需配合澳门的经济产业结构，才能得以持续发展。对此，本文建议进一步完善回归教育教育政策，在得到社会与回归教育界的共识后，特区政府应尽快制定合适及完善的回归教育政策，使回归教育在发展定位、课程框架、教学人员要求、评核机制、基本学历要求等方面，均有专有法规所规范及引导；而回归教育机构也应与时俱进，配合特区政府的政策与社会总体发展，革新课程，培育适合社会发展的多元人才。

（二）提高资助津贴额度

由于回归教育在教育目的、生源结构、上课时数等方面的特殊性，回归教育比正规教育需要更多资源。尽管特区政府持续调升回归教育的资助金额，但直至 2020/2021 学年，回归教育与正规教育的资助金额相比，仍有一定差距（见表7），这显然不利于回归教育的发展。

表7 2020/2021 学年澳门正规教育与回归教育比较

教育阶段	正规教育津贴金额（每班，澳门元）	回归教育津贴金额（每班，澳门元）
小学	1159100	899600
初中	1396800	1073800
高中	1584300	1210600

资料来源：根据2020年4月9日澳门教育暨青年局非高等教育委员会2020年第一次全体会议资料，自行整理所得。

现时，政府对回归教育的支持未能体现，私立夜校获得的免费教育资助只占普通学校的七成半左右，甚至有夜校高中班级的生均津贴比普通幼儿教育阶段更低。不但社会不解，要留住人才，于夜校而言，无疑是吸引生源以外的另一挑战；同时，有校长直言，现时夜校生源多数是无法适应正规教育而失学的人士，他们有的是无法适应传统文法中学教学而被逼"中途落车"，有的是学习能力稍逊一等的融合生，在普通学校"叩门失败"后，转而投靠回归教育。但问题是夜校不设融合教育，不单教师未受过专门训练，亦不似普通中学，由政府派出资源教师巡回支持。教者辛酸，学者辛苦，结局可想而知。因此，我们不能一再漠视融合教育在回归教育中的存在，一直拒施援手，倘不将融合教育模式合理延伸，教学质量的保障从何谈起[14]？此外，有夜校为寻找发展机会，几年前向职技教育转型，发展回归教育职技课程，开办了酒店会展、网店营销、艺术设计课程。开办职技课程几年后，发现因各校课程设置不一，职技课程不具条件招收插班生，学生人数"只出不入"，一年比一年少，曾试过高一开学时有十多人，至高三毕业时得五人。希望调整职教课程相关补充资助的计算方式，令学校财政来源较稳定[15]。

基于此，本文建议特区政府应采取教育公平的原则进行资助拨款，考虑回归教育面对的种种困难，适当做出政策倾斜，提高资助津贴额度。首先，提高回归教育津贴金额，进一步拉近与正规教育资助的差距，使之与正规教育津贴金额相若，从而稳定教师团队、开展更多有利回归教育发展的工作；其次，应尽快研究于回归教育领域推展融合教育的必要性和可行性，可参照资助正规教育学校"融合生"的办法，给予回归教育学校特别资助；最后，也建议特区政府优化拨款机制及调整回归教育相关补充资助的计算方式，以稳定学校财政来源，以便回归教育机构作整体规划，并加大对回归教育的宣传和资源投放，为回归教育提高升学诱因。

（三）变革转型吸纳生源

由于回归教育学生不多，但学校数却不少，行内已出现恶性竞争情况[16]。一位回归教育的负责人认为："由于澳门缺乏对回归教育进行完善监管的专门法规，社会难以用同一标准去检视提供回归教育的学校的教学质量。"他续称："部分（回归）教育机构为了营运，出现了'各校各法'的状况，有些学校会按照正规教育的基本学术水平去教育学生，以保证学生的学习质量，但校内求学意愿较低的学生，往往会转到其他学习压力较轻的回归教育机构上学，导致有意办好的学校的生源流失，经营困难。而部分学校为了吸引更多学生就读，刻意降低教学水平，出现'愈教愈松'的现象，甚至允许学生跳级，以加快其取得学位的速度，这样教学水平无法得到保障，形成不良竞争，恶性循环。"这印证了业界有声音指出，生源减少也令学校争夺学生的情况加剧，这情况实在令人忧虑[17]。

随着社会发展、经济产业转型、十五年免费教育的政策等互相影响下，回归教育生源无疑遇到一定的挑战，因此，回归教育机构必须变革转型，才能吸纳更多生源。对此，本文建议回归教育机构进行变革与思考转型,由原来只是单一提供回归教育课程,转变为在保留回归课程的同时,引入如长者教育、持续教育课程及职业技术教育等课程,以吸纳不同类型的生源;此外,《纲要法》规定高中毕业生不能再修读高中课程,建议可考虑适时修法或放宽规定,让高中毕业生可再修读职业技术教育课程,以及同步推动职业认证,从而吸引更多人修读相关课程,使回归教育迈向可持续发展。

五、总结

我们应通过重新思考发展定位、提高资助津贴额度及变革转型吸纳生源等策略,以进一步推动澳门回归教育的发展,及实现《澳门特别行政区五年发展规划(2016—2020)》中"持续推动回归教育"的最终目标!

参考文献

[1] 台湾地区成人教育学会. 回流教育[M]. 台北:师大书苑有限公司,1997:2.

[2] 台湾地区成人教育学会. 回流教育[M]. 台北:师大书苑有限公司,1997:5-6.

[3] 台湾地区成人教育学会. 回流教育[M]. 台北:师大书苑有限公司,1997:6.

[4] 回归教育,引自 MBA 智库·百科 https://wiki.mbalib.com/zh-tw/%E5%9B%9E%E5%BD%92%E6%95%99%E8%82%B2.

[5] 台湾地区成人教育学会. 回流教育[M]. 台北:师大书苑有限公司,1997:7.

[6] 见第32/95/M 号《订定在回归教育以及延续及社会教育方面成

人教育之组织及发展总框架》第四条.

［7］ 第 11/91/M 号法律《澳门教育制度》，引自 https：//images. io. gov. mo/bo/i/91/34/lei-11-91. pdf.

［8］ 第 32/95/M 号法令《订定在回归教育以及延续及社会教育方面成人教育之组织及发展总框架》，引自 https：//bo. io. gov. mo/bo/i/95/29/declei32_ cn. asp.

［9］ 第 1/SAAEJ/99 号批示《核准以中文为教学语言之官立初中回归教育之课程组织、教学和行政组织、评核制度和课程计划》，引自 https：//bo. io. gov. mo/bo/i/99/02/despsaaej01_ cn. asp.

［10］ 第 9/2006 号法律《非高等教育制度纲要法》，引自 https：//bo. io. gov. mo/bo/i/2006/52/lei09_ cn. asp.

［11］《澳门特别行政区五年发展规（2016—2020）》，引自 https：//www. cccmtl. gov. mo/files/plano_ quinquenal_ cn. pdf.

［12］陈志峰，王锦江. 澳门回归教育制度发展的回顾与前瞻［J］. 中国成人教育，2017（16）：111.

［13］陈虹促政府关注回归教育［N］. 濠江日报，2018-04-03.

［14］夏耘. 新定位扶助回归教育［N］. 澳门日报，2016-05-17.

［15］夜校：冀政府助寻出路［N］. 澳门日报，2020-01-11.

［16］生源减夜校冀资助转型［N］. 澳门日报，2016-05-17.

［17］陈志峰，王锦江. 澳门回归教育制度发展的回顾与前瞻［J］. 中国成人教育，2017（16）：113.

国际（澳门）学术研究院　华侨大学粤港澳人才战略研究所

社会科学研究生学位论文选题的标准

赖诗攀

摘 要：选题是研究生学位论文的灵魂，对其重视不足影响了研究生学位论文的品质。社科研究选题的基本标准是具体、集中、创新和重要。社科研究生学位论文应聚焦社会事实变化或差异的三个问题：是什么，为什么，怎么样。关于社会事实变化和差异的描述（回答"是什么"的问题）应该明确、有信息，差异和变化的最佳呈现方式是分类。对事实类型差异和变化逻辑的研究有助于理解、预测，进而影响社会事实的变化。

关键词：社会科学；研究生；学位论文；选题；研究问题

在授课或指导研究生的过程中发现，学生学位论文的选题常常出现过大过空或研究问题与研究类型不一致等问题。研究生训练过程对研究问题的重视不够，影响了研究生培养的质量。学术研究有不同类型，对研究选

---

① 基金项目：华侨大学研究生精品课程建设项目"基于用户视角的'理论—模仿—运用'三位一体《公共行政研究》教学改革研究"（项目编号：20YJG014）。

赖诗攀（1982— ），男，福建泉州人。副教授，博士，主要从事国家治理、地方政府与官员行为的教学与研究。

题和研究问题有不同的要求。对社科研究生学位论文选题和研究问题的标准进行讨论，可以为社科研究生学位论文选题提供基本指引。

一、选题的基本标准：具体、集中、创新、重要

一般而言，社科研究选题的基本标准是具体、集中、创新和重要[1]。社科研究讲究小题大做，这说明社科研究选题要具体和集中。选题大了，研究就容易过于宽泛，流于表面。以腐败研究为例，腐败问题有不同领域，不同时空背景，不同类型。以腐败问题研究为选题，没有边界，不够具体，作为一个研究领域、方向或者是一个文库的选题则可，作为一个研究生学位论文选题则过于抽象，不够具体。又如，"改革开放以来的政府改革：逻辑、表现和趋势""全球突发公共卫生事件与国际合作"这样的题目作为社科研究生学位论文选题，除了比较抽象以外，还存在不集中的问题。社科研究选题一般要求聚焦一个核心问题。如果同时讨论多个问题，就会失去焦点，无法进行深入研究。

当然，社科研究生学位论文选题还要有一定的重要性。这个重要性包括理论上和实践上的重要性。学术研究首先要解决的还是"为了谁"的问题，需要有社会意义。此外，作为学术研究，一定要有创新性，有助于社会科学知识的积累，而不能重复造轮子。当然，选题的创新性需要通过文献述评来加以呈现。

二、研究问题是关于社会事实的差异、变化的问题

科学研究归根结底是要解释万事万物的变化，并在此基础上预测甚至操控事物的变化趋势。比如，气象学试图通过解释天气的变化，最终达到预测天气的目标。自然科学如此，社会科学也是如此。例如，政治科学试图通过解释政治权力的变化，来预测甚至影响政治权力的变化。这种变化

包括政治权力的获得或失去，变大或变小，还包括其分配方式或运用方式的不同等。在竞争性选举体制国家，每次大选前都会有很多机构和研究团队建立模型预测选举结果。这些模型就是以选举的政治科学研究为基础的。

政府组织的社会科学研究关心的核心问题是政府组织现象的变化和差异。例如，周雪光教授对"逆向软预算约束"的研究[2]，就从组织学的视角对基层政府突破预算向下汲取资源即"逆向软预算约束"现象的发生进行解释。马骏教授则从交易费用的角度对近现代时期各国征税模式从包税制到官僚制的转变进行了解释[3]。陈家建教授则从科层结构的角度对小额妇女贷款项目的作用从"雪中送炭"到"锦上添花"的变化进行了解释[4]。它们可以帮助我们了解什么情况下基层政府会突破预算约束向下汲取资源，什么情况下国家会选择以包税制的方式来征税，什么情况下政策执行会变形，以及什么情况下不会如此。最终能够帮助我们理解、预测，甚至创造条件影响国家治理与政府行为的变化。所以，社会科学研究生要有变量思维，学位论文的研究问题应该是关于社会事实变化或差异的问题。

三、变化或差异的呈现要具体、有信息

学生来跟我讨论研究选题的时候，我常常会询问他们的研究问题是什么。由于基本训练已经完成，学生一般会告诉我，他们研究一个社会事实的问题。例如，土地出让行为的变化，食品安全监管行为的不同等等。这样的选题当然是符合公共管理专业要求的。但如果要有一个更明确的研究问题，就需要呈现出这种变化和差异的具体信息，说明从什么变化成什么，或者监管行为的差异是什么。可以用"有的……，有的……"句型来刻画[5]。

例如，在地方政府公共危机信息公开程度的研究中，对信息公开程度的变化和差异描述为"在众多的公共危机事件中……一方面是在拉萨3·14骚乱等事件中，地方政府倾向于公开危机信息，另一方面是在诸如矿难、瓮安事件……这些公共危机事件中，地方政府隐瞒、掩盖公共危机信息的状况时有发生、层出不穷。"[6]这样就呈现出了危机事件中政府信息公开程度不同的两种状态，也就是信息公开程度的变化和差异。又如，练宏教授研究职能部门争取下级注意力的方式时，把研究问题刻画为"中国政府行为的一个特征是注意力的戴帽竞争而非直线竞争，即职能部门本可利用业务指导权开展工作，却选择借助党委政府的权威地位推动工作"[7]。职能部门选择戴帽竞争而非直线竞争，就清楚地刻画了职能部门争取下级注意力以推动工作的不同方式。只有提供了变化和差异的具体信息，思考才有着力点，研究问题才是明确的。反之是模糊不清的。

四、变化或差异的最佳呈现方式是分类

社会现象纷繁复杂，人的认知和计算能力有限。我们需要简化对这个世界的理解，简化的重要方式就是对它们进行分门别类。学术研究就是通过分门别类的方式，来帮助我们理解这个世界。因此，研究问题的界定即差异和变化的最佳呈现方式是分类。对社会事实不同类型差异和变化逻辑的研究，有助于理解、预测，进而影响社会事实的变化。为此，我们需要回答关于社会事实类型变化和差异的三个问题：是什么、为什么、怎么样。定性研究在回答"怎么样（过程机制）"的问题上有比较优势。定量研究在检验"为什么（影响因素）"的问题上更加适用。两种类型的研究都需要回答变化和差异是什么的问题，这一问题最佳呈现方式是分类。进行类型化分析，可以帮助我们迅速简化并理解层出不穷、纷繁复杂的社会现象。

例如，戴慕珍教授根据政府和市场在发展中作用的不同，把近现代国家分为自由放任的资本主义国家、列宁党国体系下的集权国家、东亚新兴工业化国家，以及政府主导加上市场激励的法团主义国家（改革开放后的中国）[8]。试图分析为什么会出现不同于前三类的新类型的国家。周飞舟教授试图解释他观察到的基层政府和农民间关系从"汲取型政权"到"悬浮型政权"的变化[9]。他们的研究问题都以分类的方式呈现。这就能够很好地起到对社会现象化繁为简的作用，有助于增进我们对政府行为和角色的理解。

又如，周雪光教授的博士学位论文题目为《组织规则动力学：斯坦福大学，1891—1987》[10]。这一研究把组织规则的演化分为建立和修订两种类型，从组织学习和制度理论两个视角，基于斯坦福大学（1891—1987）组织正式规则的数据进行实证研究。研究发现组织规则的建立和修订是相互区别的过程。组织规则的建立是组织对外部危机和冲击的回应的结果，组织规则的修订则是组织内部学习的结果。由于之前的研究对组织规则的演化逻辑只有理论讨论，没有对规则的建立和修订进行区分，也没有系统的实证检验，周雪光教授的博士学位论文研究成为组织规则演化动力学的经典之作。

五、结论

针对社科研究生训练对研究问题缺乏足够的重视，学位论文选题常常太大、太抽象、不集中、不具体的问题，总结社科研究方法及经典文献中的选题标准，提出社科研究生选题的基本标准是具体、集中、创新和重要。在此基础上研究问题应该刻画社会事实的变化和差异，对变化和差异的刻画应该是具体、有信息的，变化和差异的最佳呈现方式是分类，研究生选题应该回答关于社会事实变化和差异的"是什么""为什么"和"怎么样"三个问题。以这样的方式呈现研究问题，可为学位论文的研究奠定较好的基础。

参考文献

[1] 彭玉生. "洋八股"与社会科学规范 [J]. 社会学研究, 2010 (2): 180-210.

[2] 周雪光. "逆向软预算约束"一个政府行为的组织分析 [J]. 中国社会科学, 2005 (2): 132-143.

[3] 马骏. 包税制的兴起与衰落: 交易费用与征税合同的选择 [J]. 经济研究, 2003 (6): 72-80.

[4] 陈家建, 边慧敏, 邓湘树. 科层结构与政策执行 [J]. 社会学研究, 2013 (6): 1-20.

[5] 刘军强. 写作是门手艺 [M]. 桂林: 广西师范大学出版社, 2020: 63.

[6] 赖诗攀. 问责、惯性与公开: 基于 97 个公共危机事件的地方政府行为研究 [J]. 公共管理学报, 2013 (2): 18-27.

[7] 练宏. 注意力竞争——基于参与观察与多案例的组织学分析 [J]. 社会学研究, 2016 (4): 1-26.

[8] Oi, J. C. The role of the local state in China's transitional economy. The China Quarterly, 1995 (144): 1132-1149.

[9] 周飞舟. 从汲取型政权到"悬浮型"政权 [J]. 社会学研究, 2006 (3): 1-38.

[10] Zhou, X. The dynamics of organizational rules: Stanford University 1891-1987 [D]. Stanford University, 1991.

华侨大学　政治与公共管理学院

"两个擦亮"视域下的
侨校马克思主义理论学科研究生培养探析[①]
——以华侨大学为例

林怀艺

摘 要:"两个擦亮"即"擦亮我国大学最鲜亮的底色"和"擦亮侨校金字招牌",对侨校马克思主义理论学科研究生培养具有重要的指导意义。"两个擦亮"视域下的侨校马克思主义理论学科研究生培养思路,强调盘活存量、推进增量、吸收借鉴;培养任务强调从"做了什么"向"做出了什么效果"转变,通过固根基、扬优势、补短板、强弱项以实现提质增效的目标;培养举措强调通过引导观念更新、推进制度创新、孵化标志性教学成果等多措并举,形成合力;培养着力点强调方法上将"从后思索"和"向前看"统一起来,评价上将过程性与目标性统一起来,主体上将教师与学生、教与学统一起来。

关键词:"两个擦亮";马克思主义理论学科;研究生培养;侨校

---

① 基金项目:福建省本科高校教育教学改革研究重大项目(研究生教育教学改革项目):基于"两个擦亮"的侨校马克思主义理论学科研究生培养提质增效研究(项目编号:FBJG20200158).

林怀艺(1974—),男,福建晋江人,教授,博士,主要从事马克思主义理论研究。

"两个擦亮"视域下的侨校马克思主义理论学科研究生培养探析

"两个擦亮",一个是"擦亮我国大学最鲜亮的底色",这是教育部在《普通高等学校马克思主义学院建设标准（2019 年本）》（教社科函〔2019〕9 号）中提出的,强调马克思主义学院必须坚持马克思主义在意识形态领域指导地位的根本制度,坚持习近平总书记提出的"马院姓马,在马言马"的鲜明导向和办学原则；一个是"擦亮侨校金字招牌",这是中央统战部办公厅在《关于认真学习贯彻习近平总书记视察暨南大学重要讲话精神的通知》（厅字〔2018〕54 号）中提出的,强调暨南大学、华侨大学、北京华文学院等院校必须坚持侨校特色,将中华优秀文化传播到五湖四海。本文拟以华侨大学为例,对"两个擦亮"视域下的侨校马克思主义理论学科研究生培养问题作一点分析。

一、"两个擦亮"之于侨校马克思主义理论学科研究生培养的意义

侨校马克思主义理论学科研究生培养,既有马克思主义理论学科研究生培养的共性,又有侨校的个性。这一共性和个性的统一集中体现在"两个擦亮"之中,而"两个擦亮"之于侨校马克思主义理论学科研究生培养的意义体现在：

第一,引导侨校马克思主义理论学科研究生培养落实立德树人的根本使命。党的十八大以来,习近平总书记反复强调建设教育强国"要全面贯彻党的教育方针,落实立德树人根本任务"[1],"要把立德树人的成效作为检验学校一切工作的根本标准"[2]。与一般高等院校相比,侨校立德树人的任务更加艰巨,因为她肩负着"三类学生"培养目标的整体推进,即：努力将内地学生培养成德智体美劳全面发展的社会主义建设者和接班人；将港澳台学生培养成自觉拥护祖国统一、拥护"一国两制"、为港澳长期繁荣稳定和实现祖国和平统一做贡献的坚定爱国者；将华侨华人学生、留

学生培养成了解和热爱中华文化、对中国友好、主动担当中外交流的文化使者。这一神圣使命，决定了侨校马克思主义理论学科研究生培养必须自觉贯彻、坚决践行"两个擦亮"要求，使马克思主义理论学科研究生能够通过灌输→共识→内化→行动的机理，对上述三个方面的立德树人目标有深刻把握，增强日后做好这方面工作的知识储备和能力锻炼。

第二，扩大侨校马克思主义理论学科研究生培养在省内外的影响。目前福建省除华侨大学外，还有厦门大学、福建师范大学、福州大学、福建农林大学、闽南师范大学、集美大学等高校培养马克思主义理论学科研究生，厦门理工学院、龙岩学院等高校则在积极创造条件申报马克思主义理论学科学位授权点，总之，在闽高校都在借助党和国家对马克思主义理论学科的重视，探索提高该学科研究生培养质量的有效途径，并为此采取了一系列改革措施，省外不少高校改革创新力度亦很大。华侨大学从2007年开始招收马克思主义理论学科硕士生（2017年二级学科招生升格为一级学科招生），学校培养马克思主义理论学科研究生的时间较短，层级较低（尚未拥有博士学位授权点），知名度、影响力较小，同"侨校＋名校"的发展战略相比还存在较大差距，因而借助"两个擦亮"这张名牌，加强同省内外高校在马克思主义理论学科研究生培养上的研讨、交流，既向同行介绍侨校的经验和特色，也从同行中汲取有益的启迪和借鉴，是扩大侨校马克思主义理论学科研究生培养在省内外影响的必由之路。

第三，促进侨校马克思主义理论学科研究生培养"出思想，出成果，出人才"。华侨大学因华侨而诞生和发展，目前有来自50多个国家和地区的华侨华人、港澳台和外国学生近5000人，是全国拥有港澳台侨留学生最多的大学之一，这从一个侧面反映了中国经济社会发展和国际影响力提高对境外生源的吸引力。侨校马克思主义理论学科研究生如果对此视而不见，忽略对港澳台侨留学生思想政治教育的研究，那显然是不合格的。

"坚持问题导向"是习近平总书记一再强调的思想方法和工作方法，由此决定了侨校马克思主义理论学科研究生培养必须全程嵌入"两个擦亮"理念，引导马克思主义理论学科研究生深化对习近平新时代中国特色社会主义思想特别是习近平总书记关于加强和改进统一战线工作的重要思想的认识；引导马克思主义理论学科研究生探寻在这一领域的学术生长点、创新点，努力成长为本领域研究的行家里手；引导马克思主义理论学科研究生带着感情、使命、担当去完成学业，成长为新时代党和国家需要的栋梁之才。一句话，就是要促进侨校马克思主义理论学科研究生培养"出思想、出成果、出人才"。

二、"两个擦亮"视域下的侨校马克思主义理论学科研究生培养思路

这个培养思路，最主要的就是把已经做的、做得对头的工作坚持下去，把根据情况变化需要加以推出、加以强化的工作建立起来，并且善于吸收借鉴其他高校有益经验和做法。

首先，盘活存量。认真梳理侨校举办马克思主义理论学科研究生培养十多年来，按照国务院学位委员会、教育部《关于调整增设马克思主义理论一级学科及所属二级学科》和中央统战部办公厅《关于认真学习贯彻习近平总书记视察暨南大学重要讲话精神的通知》等文件的要求，在培养方案制定（修订）、教育教学改革方案出台、制度规范执行、师资队伍建设、教学成果展示、师生论著发表、师生对外交流与合作等方面所取得的成绩，对那些体现"两个擦亮"的成果，结合新情况新问题不断加以完善、优化，使之继续发挥作用。

其次，推进增量。2020年12月，福建省委书记尹力在视察华侨大学时强调："华侨大学师生学习贯彻习近平总书记重要讲话重要指示批示精

神和党的十九届五中全会精神，关键是要始终坚定信心、保持定力，坚定不移听党话、跟党走。"[3]结合党和国家对侨校发展的新要求、新时代高校思政课改革创新和思政课教师队伍建设的新要求、福建省"高原"学科重点建设学科（马克思主义理论）的新要求、马克思主义理论学科申报博士学位授权点的新要求，侨校在马克思主义理论学科研究生培养中应主动作为，采取切实有效的措施来践行"两个擦亮"，在用学术讲政治、提升海外统战工作的针对性实效性等方面，力争新的突破，形成不断推进马克思主义理论学科研究生培养改革的动力。

再次，吸收借鉴。在"擦亮我国大学最鲜亮的底色"方面，对标37所高校的全国重点马克思主义学院的培养方案，侧重借鉴他们在培养具有比较高的马克思主义素养和理论功底、并能用马克思主义立场、观点和方法分析研究当代现实问题的研究生中积累的经验；在"擦亮侨校金字招牌"方面，着重对标暨南大学的培养方案。近年来，"暨南大学坚持将贯彻落实习近平总书记视察暨南大学重要讲话精神作为首要政治任务，坚持为党育人、为国育才、为统战服务，在服务国家发展战略中贡献暨南力量"[4]，该校高标准建设马克思主义学院，如获中央统战部、中央宣传部、教育部、国家民委四部委联合立项的"铸牢中华民族命运共同体意识研究基地"，牌子就挂靠马克思主义学院，而学院以这一国家级智库型研究基地的实体化建设为抓手，在加强和改进研究生培养中渗入更多的侨校特色因素，取得了良好的效果，这是值得华侨大学学习借鉴的。通过吸收全国重点马克思主义学院以及同属统战系统的马克思主义学院在马克思主义理论学科研究生培养上的举措，推动侨校马克思主义理论学科研究生培养顺应"两个擦亮"要求，这本身也是华侨高等教育"开门办学"的题中之意。

三、"两个擦亮"视域下的侨校马克思主义理论学科研究生培养任务

这个培养任务，关键是从"做了什么"向"做出了什么效果"转变。如果说"做了什么"是静态的、表面的呈现，那么"做出了什么效果"则是动态的、实质的成效，作为一个不断探索、不断深化的过程，它需要结合"治理"的精髓来思考，以实现提质增效的目标。

其一，固根基。马克思主义理论学科研究生姓"马"、姓"共"，这就决定了这类研究生的培养要突出"对马克思主义的信仰，对中国特色社会主义的信念，对实现中华民族伟大复兴中国梦的信心"[5]，要能够比较好地回答中国共产党为什么能、马克思主义为什么行、中国特色社会主义为什么好等重大理论问题，其提质增效归根到底要落实到增强"四个意识"、坚定"四个自信"、做到"两个维护"上来，以此为"擦亮我国大学最鲜亮的底色"提供精神动力和智力支持。

其二，扬优势。侨校因侨而诞生、为侨而发展，具有"一元主导、多元融合、和而不同"的校园文化，这就决定了侨校马克思主义理论学科研究生培养要具有"宏教泽而系侨情"的深切情怀，在提质增效中始终坚持"擦亮侨校金字招牌"，自觉加强对华侨华人与中国特色社会主义、以"大一统"为核心要义的中华优秀传统文化、中华民族命运共同体、海内外同胞关系和谐等重大理论和实践问题的研究，充分彰显侨校的鲜明办学特点和优势。

其三，补短板。针对办学时间短、办学层次低、成果积淀少、特色挖掘不够、影响力有限、各方协同不够、学科骨干欠缺、生源质量一般、制度化规范化程序化存在薄弱环节等制约马克思主义理论学科研究生培养的

短板，侨校要以"两个擦亮"为指引，结合"十四五"规划的制定和落实，采取"弯道超车"的做法，在解决体制性障碍、机制性梗阻、政策性创新方面有更大的作为。

其四，强弱项。从省内外高校马克思主义理论学科研究生培养的竞争态势看，各校借鉴卓越工程师、卓越医师、卓越律师等培养计划，推动卓越马克思主义理论人才培养，在传统的培养方案修订、学科方向凝练、师资队伍整合等的基础上，大力推进新媒体新技术运用、招生方式培养方式创新、社会实践活动开展、复合型人才培养等工作。侨校认真思考与先进高校相比存在的不足，认真思考"两个擦亮"带来的机遇与挑战，并真正将提质增效落到实处。

四、"两个擦亮"视域下的侨校马克思主义理论学科研究生培养举措

这个培养举措着眼于多措并举，形成合力，这也是党的十九届五中全会强调的"坚持系统观念"[6]的具体应用。

第一，引导观念更新，充实课程内容，夯实课堂教学。教育者首先要受教育。马克思主义理论学科研究生的任课教师和导师在研究生培养过程中，都要有意识嵌入"两个擦亮"理念，在授课过程中结合公共学位课、基础学位课、专业学位课、选修课等的不同特点，积极参考中央社会主义学院在"共识教育核心课程"建设方面取得的成效和形成的经验，以专题形式安排与华侨华人、海外统一战线、"大一统"等的历史、理论、政策、法律法规相关的内容（尤其是这一方面的学术前沿）。此外，在学位论文指导过程中，通过选题指南的形式，引导马克思主义理论学科研究生在不背离学科性质的前提下，从事涉港澳台、涉侨、涉留学生的理论与实践研究。总之，要通过经常性的工作，通过宏观设计和微观指导的结合，使马

克思主义理论学科研究生自觉践行"爱侨为侨"的宗旨、担当,并形成学术研究的兴趣和动力。

第二,推进制度创新。一是激励机制。对长期结合马克思主义基本原理特别是习近平新时代中国特色社会主义思想关注和研究港澳台侨留问题,并且在指导学生从事相关研究上取得成效的导师,在招生名额、绩效分配上予以倾斜;对从事涉侨相关研究并取得科研立项、成果发表的学生,在国家级和校级奖学金的评定上予以倾斜。二是监督机制。健全教学委员会、学术委员会、学位评定委员会等机构,建章立制,发挥它们对研究生培养的监督、指导作用,引导马克思主义理论学科研究生培养顺应"两个擦亮"实现内涵式发展。三是动态调整机制。参照山东大学、复旦大学等高校的做法,在马克思主义理论学科学位授权点中自主设置"统一战线学"二级学科学位授权点,以此为依托,为加强这一方面研究生的培养提供良好的平台。四是联动机制。通过联席会议等形式,加强研究生院、社会科学研究处、党委统战部、团学系统、相关学院(研究院、研究中心、研究基地)同马克思主义学院的联系,及时解决相关问题,为马克思主义学院按照"两个擦亮"要求加强和改进研究生培养创造良好的条件。五是对外交流机制。坚持"引进来""走出去"相结合,更多举办、参与高水平学术会议,增强师生对相关动态、前沿的了解和把握。通过这些制度创新,从运行机制上确保"两个擦亮"得到保障,使提质增效不再是"空转",而是真正具有可持续性。

第三,孵化标志性教学成果。一是整合校内力量,编写面向港澳台侨留学生的思政课类"华文教育通识教材",如"当代世界与中国""中华民族复兴之路""中国传统文化"等,这些教材应充分体现针对性、实效性的要求,可以成为实现"三类学生"培养目标的重要抓手。二是先行先试,编写适合侨校马克思主义理论研究生使用的特色教材,如"中国共产党统一战线的理论与实践""华侨华人与中国革命、建设与改革"等,在全省全国进行具有开创性的探索。三是加大经典著作教学的分量,探索运用新媒体新技术创新研究生教学模式,使经典著作在与新媒体新技术的融合中焕发生机活力,为"两个擦亮"提供重要的学理支撑。四是鼓励教师通过团队建设、开展学术活动、组织读书社、指导社会实践等,更多地将自己的教学和科研成果分享给学生,在潜移默化中成为学生践行"两个擦亮"的示范和表率。五是在省级研究生自然辩证法论文演讲会、研究生"一马当先"知识竞赛、研究生教学能力(征文)等赛事中,通过早选苗、早入训,实现研究生在团队和个人获奖上有重大突破。通过孵化标志性教学成果,检验"两个擦亮"的落实程度,为提质增效提供衡量的标尺。

第四,建设社会实践基地。福建是全国著名的革命老区,又是全国著名的侨乡,华侨大学两校区所在的泉州、厦门,很多风景名胜、博物馆、纪念馆都与"革命文化""先进文化""港澳台侨"有关,就是民营企业,也往往带有"港澳台侨"背景,这为马克思主义理论学科研究生走出校门,汲取"两个擦亮"的灵感提供了极好的故事和素材。要通过在博物馆、纪念馆(如中国闽台缘博物馆、泉州华侨历史博物馆、陈嘉庚纪念馆等)、乡村(如"海峡第一村"——晋江围头村)、农场(如南安雪峰华侨农场)、企业等挂牌设立社会实践基地,让马克思主义理论学科研究生在调查研究和参观走访中深刻体会"两个擦亮"的魅力,这是提质增效所不可或缺的实践因素介入。

第五,探索其他管用的有效形式。1957年诞生在内蒙古自治区锡林郭勒盟苏尼特右旗的乌兰牧骑,是一支活跃于农村牧区间的文化工作队,被誉为"红色文艺轻骑兵"。借鉴乌兰牧骑模式,侨校可以探索建设马克思主义理论学科研究生"理论轻骑兵"队伍,为包括港澳台侨留学生在内的同学开展形势与政策教育、讲授党课、开展讲座等。马克思主义理论学科研究生本来就是思政课教师队伍的后备军,他们通过参与"理论轻骑兵"队伍,可以增进专业素养和综合素质,使自己对"两个擦亮"内化于心、外化于行,从而助力提质增效的实现,培养侨校卓越马克思主义理论青年骨干。

五、"两个擦亮"视域下的侨校马克思主义理论学科研究生培养着力点

这个培养着力点,主要是基于应着重考虑或处理的方面,为此:

第一,在方法上,应将"从后思索"和"向前看"统一起来。1867年,马克思在《资本论》第一卷中指出:"对人类生活形式的思索,从而对这些形式的科学分析,总是采取同实际发展相反的道路。这种思索是从事后开始的,就是说,是从发展过程的完成的结果开始的。"[7] 1978年,邓小平在中央工作会议上所作的"解放思想,实事求是,团结一致向前看"[8]的讲话,实际上成为十一届三中全会的主题报告。将这两个方法统一起来,要求侨校在反思"两个擦亮"在以往马克思主义理论学科研究生培养中的体现的基础上,从新时代"大统战""大思政"工作格局出发,实现扎根马克思主义理论学科同"面向海外,面向港澳台"的办学方针、"为侨服务,传播中华文化"的办学宗旨和"会通中外,并育德才"的办学理念的"联姻",从而更好完成国家交付的重托。

第二,在评价上,将过程与目标统一起来。恩格斯指出,"世界不是既成事物的集合体,而是过程的集合体"[9]。"两个擦亮"视域下的侨校马克思主义理论学科研究生培养,旨在实现"出思想,出成果,出人才"的提质增效目标,但它始终强调这样的培养是一个立德树人、铸魂育人的过程。突出过程性不是说目标不重要,而恰恰反映了教育教学、人才培养的基本规律。随着"两个擦亮"的践行和"侨校+名校"发展战略的推进,

学校对马克思主义理论学科研究生培养将提出更高的要求，提质增效的"质""效"也将有更高的标准，因而这样的教育教学改革创新只有进行时没有完成时，对它的评价，也必须注重过程与目标的统一，做到与时俱进，不断升华。

第三，在主体上，将教师与学生、教与学统一起来。从表面看，"两个擦亮"视域下的侨校马克思主义理论学科研究生培养，出发点和落脚点都是研究生培养质量，但正如习近平总书记所说："办好思政课关键在教师。调动思政课教师的积极性、主动性、创造性，必须增强教师的职业认同感、荣誉感、责任感。"[10]因而，马克思主义理论学科研究生教师（特别是导师）是否具有"两个擦亮"意识，能否在研究生培养过程中将这一意识完整地、准确地传达给学生，并给予学生的研习有力的指导，对于研究生培养提质增效具有重要的影响。近年来，学校马克思主义理论学科研究生师资队伍不断壮大，一批优秀的博士生成长起来，教学和科研成果显著，晋升了职称，担任了研究生专任教师和导师，为学位点的发展注入了活力。但从学缘结构看，新教师中有不少人对侨校"两个擦亮"的使命知之不多、认识不够，在研究生培养中未能自觉将其贯彻在提质增效之中；老教师也有一个不断学习、充电的问题。因而，结合新时代思政课教师队伍建设要求，建设一支"政治要强、情怀要深、思维要新、视野要广、自律要严、人格要正"的马克思主义理论学科研究生培养师资队伍，是一项刻不容缓的任务。当然，师与生、教与学历来是互动的，研究生的学术兴趣和研究志向，也会致使教师加强学习，努力提升适应"两个擦亮"要求的教书育人本领。

参考文献

[1] 习近平谈治国理政（第三卷）[M]．北京：外文出版社，2020：36.

[2] 本书编写组：习近平总书记教育重要论述讲义[M]．北京：高等教育出版社，2020：48.

[3] 尹力在泉州调研时强调：大力传承弘扬"晋江经验"勇当全方位推动高质量发展超越主力军[N]．福建日报，2020-12-31.

[4] 中共暨南大学党委．精心擦亮百年侨校金字招牌——学习贯彻习近平总书记视察暨南大学重要讲话精神两周年巡礼[J]．中国统一战线，2020（12）.

[5] 中共中央党史和文献研究院．十九大以来重要文献选编（上）[M]．北京：中央文献出版社，2019：739.

[6] 本书编写组．党的十九届五中全会《建议》学习辅导百问[M]．北京：党建读物出版社、学习出版社，2020：17.

[7] 马克思恩格斯文集（第5卷）[M]．北京：人民出版社，2009：93.

[8] 邓小平文选（第2卷）[M]．北京：人民出版社，1994：140.

[9] 马克思恩格斯文集（第4卷）[M]．北京：人民出版社，2009：298.

[10] 习近平：论坚持党对一切工作的领导[M]．北京：中央文献出版社，2019：291.

华侨大学　马克思主义学院

在知识学习和能力培养中铸魂育人

——"马克思主义哲学前沿"课程建设体会

薛秀军

摘 要: "马克思主义哲学前沿"课程是哲学本科专业的基础课程,通过教学方式和教学手段、教学内容规划设置和课程考核评价体系等的创新,在加强知识传授和能力培养的同时,可以更好地深化学生对马克思主义、对习近平新时代中国特色社会主义思想的理解与认识,培养学生坚持正确政治立场,坚定正确政治方向,形成正确价值取向、理想信念、政治信仰,从而更好地发挥"课程思政"铸魂育人的作用,更好实现立德树人的根本目的。

关键词: "课程思政";政治立场;铸魂育人

习近平总书记强调指出:"我们党立志于中华民族千秋伟业,必须培养一代又一代拥护中国共产党领导和我国社会主义制度、立志为中国特色社会主义事业奋斗终生的有用人才。在这个根本问题上必须旗帜鲜明、毫不含糊。"[1] "马克思主义哲学前沿"课程是哲学本科专业的基础课程。该

---

① 基金项目:2019年华侨大学"课程思政"特色示范课堂立项项目"马克思主义哲学前沿"阶段性成果

课程通过对国内外特别是国内马克思主义哲学研究的最新成果、流派、主要观点和学术争鸣等进行介绍，使学生对马克思主义哲学研究的最新进展能有基本的了解，从而深化对马克思主义哲学的理解。同时，通过本门课程的学习，还可以使学生充分认识到中国现代化必须坚持以马克思主义为指导，必须坚持以马克思主义的科学态度对待马克思主义，必须坚持中国共产党的领导，必须坚持走中国特色社会主义道路，必须坚持改革开放，以此，才能为世界发展贡献中国智慧、提供中国方案、注入中国动力，并在与世界各国平等对话、互利合作中实现共同发展。在课程的知识传授和能力培养中，经过有意识地引导，可以更好地深化学生对马克思主义、对习近平新时代中国特色社会主义思想的理解与认识，培养学生坚持正确政治立场，坚定正确政治方向，形成正确价值取向、理想信念、政治信仰，从而更好地发挥"课程思政"铸魂育人的作用，更好达成立德树人的根本目的。

在教学的具体实施中，为了更好地凸显"课程思政"的基本要求，提升教学效果，达到育人目的，"马克思主义哲学前沿"课程在教学方式和手段、教学内容规划设置、课程考核评价体系上进行了一系列创新。

首先，实现了教学方式和教学手段的创新。"马克思主义哲学前沿"课程除了"国内马克思主义哲学前沿"和"国外马克思主义哲学前沿"两个部分采用传统课堂讲授方式以外，剩下的"辩证唯物主义、历史唯物主义和实践唯物主义""发展哲学""马克思分工理论""人类命运共同体的哲学审视""虚拟哲学"等专题都采用了"翻转课堂"的教学方式，按照专题要求学生在课前阅读指定文献，课上在教师的引导下，由每个同学分享自己阅读的体会和思考，并可以进行相互讨论与争辩。在这一过程中，教师既要平等地参与学生的讨论，及时回答学生的质疑与困惑，也要注重把控节奏，在引导学生了解掌握相关知识的同时，更要使他们明白，应该怎样正确地看待马克思主义哲学，怎样以科学的态度对待马克思主义，怎样发挥马克思主义的指引作用，更好地引领和推进中国特色社会主义发展，怎样理解习近平新时代中国特色社会主义思想作为当代中国的马克思主义、21世纪的马克思主义对当代中国发展和当代世界发展的重要作用、意义和影响等。以此，通过"让我学"到"我要学"的转变，切实调动学生学习的积极性、主动性，更好地坚定学生对马克思主义的信仰，对中国共产党执政、对中国特色社会主义的信念与信心。另外，本门课程还注意打破第一课堂与第二课堂的界限，通过邀请国内马克思主义哲学研究的著名学者、专家来校讲座，让学生们直接感受到当代马克思主义哲学理论大家的渊博学识与人格魅力，既使他们能直接了解、接触到国内马克思主义哲学研究的最新前沿，第一时间了解学界聚焦讨论的突出问题，也使他们能切身体会到一代代马克思主义学者对马克思主义的深厚信仰与坚定信念，从而既能更好地激发他们理论学习研究的兴趣，也能更好地激励他们不断追求马克思主义真理，不断坚定自身的政治立场与理想信念。

其次，实现了教学内容规划设置上的创新。"马克思主义哲学前沿"课程紧跟国内外马克思主义哲学研究的最新成果，不断进行教学内容上的调整与更新。其中，既包括在"国内马克思主义哲学前沿"和"国外马克思主义哲学前沿"两个概述部分结合学界最新研究进展的及时更新，也包括对具体教学专题的调整。如，随着"人类命运共同体"的提出及其产生的重要影响和马克思主义哲学界的及时反映，在课程内容上调整设置了"人类命运共同体的哲学审视"专题；随着互联网、大数据、人工智能的不断迭代更新、应用日益广泛以及引起的相关思考包括马克思主义哲学界的相关反思日益增多，在课程内容上新增"虚拟哲学"专题。这些专题的设置，由于与学生当下的生活关联度比较高，学生更容易理解，也更有兴趣去深入探究、分析和讨论，同时，也使学生能更直观地感受到马克思主义的强大现实解释力,增强大家对马克思主义的理论信仰,提高大家以马克思主义的理论立场、理论视野、理论方法分析把握当代现实问题的能力,强化大家以马克思主义为指导、自觉主动投身中国特色社会主义建设事业的信心与决心。

最后,实现了课程考核评价体系的创新。"马克思主义哲学前沿"课程注重突出学生哲学分析思考与把握现实问题能力的培养,在课程考核评价体系的设置上,注重对学生平时阅读和参与专题文献讨论的考评,既考核学生的认真投入程度,也考核学生研读并形成独立思考判断的能力,同时还隐含对学生自我正确政治立场和价值观形塑构建的推动与关注。在期末测试中,不仅考核学生对相关文献的熟悉了解情况、有没有形成自己的独立思考与判断,而且,更要考核学生借助文献对马克思主义哲学分析把握现实问题的正确立场、方法、原则的掌握情况,考核学生运用马克思主义哲学基本原理、基本致思逻辑直接透析把握重大现实问题的能力,让学生真正感受到马克思主义哲学不同于其他哲学的更为强烈有效的现实穿透性与影响力,潜移默化地培养学生运用马克思主义分析看待现实问题的自觉性、主动性,使学生能充分了解到将自身的个人追求与国家、民族的进步融合在一起、为实现中华民族伟大复兴中国梦而持续奋斗的必要性,从而能更好地培养铸就学生应有的人生理想与追求,真正发挥课程铸魂育人的作用。

总之,通过"马克思主义哲学前沿""课程思政"的改革创新,不仅强化了学生对马克思主义哲学前沿文献知识的掌握,更增强了学生对运用马克思主义哲学分析解决现实问题能力的培养,既让学生充分感受到了马克思主义的强大理论魅力,也让学生充分了解到了以马克思主义的科学态度对待马克思主义,正确研究、理解、阐释、落实马克思主义应有的立场、原则、方法,从而切实增强了大家对马克思主义的信仰,对中国共产党执政的信任，对中国特色社会主义发展的信念与信心，促使大家能更为自觉主动地将自己的人生奋斗与中国特色社会主义的探索前进、与人类对更加美好生活的追求关联在一起，从而形成确立起正确的世界观、人生观、价值观，真正达到教育立德树人的根本目的。

参考文献

[1] 习近平谈治国理政（第三卷）[M]. 北京：外文出版社，2020：328－329.

华侨大学　哲学与社会发展学院

基于"鹰架式教学"理念的混合式教学探索

李 曼 秦 旋 祁神军

摘 要:"鹰架式教学"是指在了解学生现有知识水平的基础上,教师作为学生学习的辅助者帮助学生搭建学习的"脚手架",着重学生自学并培养学生自学能力,沿着"脚手架"向更高水平发展,在学生能力增长后撤去帮助。将"鹰架式教学"理念融入线上线下混合式教学方法中,以"管理运筹学"教学为例,讲解知识点的学习分成知识传授、能力培养、价值塑造三个层次维度,尝试采用现代化信息手段,增加师生互动以及学习效果的实时统计分析,不断完善"脚手架"的设计,并促使学生完成行动—参与—反思的进阶。

关键词:鹰架;混合教学;参与;反思

一、引言

现代社会信息技术的发展,已经带动了人们生活方式和工作方式的改

---

① 基金项目:2019 年华侨大学教师教学发展改革项目"基于学习者角度的'管理运筹学'混合式教学模式改革研究"(项目编号:19JF - JXGZ22)。

变。在这种时代变化的潮流中,传统教育教学方式也在直面挑战。传统的教学以教师为中心,单向式传递信息,以记忆理解为主,很难实现个性化教学。而目前教学的对象习惯于图像刺激,不习惯阅读长篇文字。他们注意力持续性短暂,不习惯长久坐着听讲,他们喜欢一心多用,热衷于使用移动产品且容易接受并尝试新事物[1],传统的教学模式难以适应信息时代的需要。而《国家中长期教育改革和发展规划纲要(2010—2020年)》也明确指出"信息技术对教育发展具有革命性影响必须予以高度重视"[2]。

在信息技术发展的时代背景下,慕课形式的线上教学迅速发展,但绝对的线上教学,缺乏师生的互动,其弊端也逐渐凸现出来。国际上教育技术研究者在对"线上教学"进行深入思考之后给出了"混合式教学"这一概念。由此,基于互联网的线上教学与传统面对面的线下教育结合的混合式教学方法成为当前教育方法的新形势[3]。翻转课堂应运而生,让学生借助在线视频把知识的学习放在课下,课上的宝贵时间用于师生交流答疑解惑和探究学习等,把学习的主动权交还给学生[4]。有数据表明,2015年在美国的教学及学习中,传统教学同翻转课堂结合的混合式教学已占60%[5]。实践效果也显示采取线上线下相结合的混合式教学模式,以行为主义和建构主义学习理论等为指导,借助现代教育技术、互联网技术和信息技术等多种技术手段对教学资源进行优化组织、整合、呈现和运用,将传统面对面的课堂教学、实践实操教学与网络在线教学进行深度融合,可以实现两者的优势互补[6]。

何克抗先生定义"所谓混合式学习就是要把传统学习方式的优势和网络化学习的优势结合起来"[7]。它强调将教师对学习过程的设计与监控,和学生的自主学习、独立学习相结合;强调将教师的指导性与学生的创造性相结合[8]。混合式教学的创新模式可分为态度驱动型、技能驱动型和能力驱动型等多种混合式教学模式[9]。其混合性主要表现在课程平台功能的混合性、线上资源建设的混合性、学生学习方式的混合性、教学过程的混合性以及考核方法的混合性[8]。有学者研究表明，线上线下教学的有机融合是实施混合式教学的根本保障；形式多样的交流互动是实施混合式教学的核心环节；发挥学生的主体作用是实施混合式教学的基本原则；提供丰富优质的学习资源是实施混合式教学的重要手段[10]。为了达成线上线下教学的更好融合，其核心是要进行教学内容的重构。传统教学的逻辑结构是从定义出发，通过逻辑推理得出原理，再应用原理解决问题，逻辑严谨却缺乏对学生的吸引力。内容重构则是充分尊重学生的认知规律，遵循"一体化设计，结构化课程，颗粒化资源"的逻辑，面向基本知识点和技能点进行内容结构重构，形成以微课为核心的颗粒化资源[1]。在对混合式教学的结果以及教学的评价上，按照课程组织的先后顺序，仍是以三种基本的教学评价方式为主：诊断性评价、形成性评价以及终结性评价[8]。

在混合式教学的方式上，前人已经做了广泛的研究，但这些研究仍有很多是从理论的角度去评判这种混合式的教学方式有助于提升学生的学习质量，适用于现今碎片化获取知识的年代及学习者。但是在实际操作过程中，还有很多问题需要考虑。首先，需要关注到混合式教育的受众，认清谁在学习，教师在教谁[11]，需要分辨出学习者的知识掌握程度，考虑混合式教学下不同特征学习者对这种教学方式的接受程度，然后才可以为教和学提供依据。其次，根据不同特征学习者对教学的反馈，调整线上线下教学的内容结构，真正做到因材施教。

二、混合式教学基于的理论方法

建构主义教学理论认为，学习的过程是学习者积极主动地建构知识的过程。在实现建构主义教学模式的方式中，"支架式"教学方式有着重要的意义。欧共体的教育界曾作了如下定义："'支架式教学'应当为学习者建构对知识的理解提供一种观念框架[12]。这种框架中的观念是为发展学习者对问题的进一步理解所需要的。为此事先要把复杂的学习任务加以分解，以便把学习者的理解逐步引向深入。"

"鹰架"原意指建筑行业中搭建的"脚手架"。"鹰架式教学"观念来自于苏联著名心理学家维果茨基，他在进一步深化数理理论研究中提出了学生"最近发展区"理论[13]。他认为学习者的能力存在两种水平：第一个水平是"现有发展水平"，指的是学生已有的经验以及能力水平；第二个水平是"潜在发展水平"，指学生从现有水平上获得别人帮助，发展得到的新的经验以及可能达到的水平。"最近发展区"概念是指学生"现有水平"与"潜在发展水平"之间的幅度。反映了教师的教学与学生的知识发展之间的内部联系，它认为学生的数学学习过程，实际上是在教学的指引下，不断地将潜在发展水平转化为现有发展水平的过程。

在最近发展区与潜在发展水平之间，教师搭建"脚手架"将两者联系起来，学生借助脚手架，在现有发展水平基础上逐步进阶到潜在发展水平，在学生达到潜在发展水平之后再将脚手架拆除。在这一过程中，以学生为中心，学生作为学习的主体；教师完全担任引导者的角色，引导学生自学并获得自学的能力。

三、以"管理运筹学"为例的混合式教学探索

（一）了解学生最近发展区知识水平

"管理运筹学"中线性规划问题求解最优解可以有图解法与单纯形法，单纯形法相较于图解法适用性更广。讲解单纯形法知识点的时候，将其分成三个层次维度：知识传授、能力培养、价值塑造。针对知识点三个层次维度帮助学生相应地建立起是什么、怎么用、为什么的逻辑思维框架。单

纯形法是一种方法，用来求解线性规划问题最优解，尤其适用于多个决策变量的情况。然后是怎么用，单纯形法分成几个步骤，每个步骤的内容及作用是什么。最后是为什么这种方法可以达到求解的目的。

在单纯形法知识传授方面，课程采用线上学习。目前线上学习资源丰富，平台多样，有中国大学 MOOC、超星、智慧树、爱课程等。众多的学习平台上拥有海量的学习资源，每位老师也都有讲的特别出彩的知识点，或深入浅出或生动形象。因此涉及选择线上资源的问题。在这一问题上超星平台提供了一种兼容并蓄的方法，可按关键知识点进行选择，把不同视频按照一定的逻辑顺序进行建课。学生进入学习通页面即可点击视频进行单纯形法知识点的自行学习，并可多次观看。

待学生自学以后，基于学习者的个体差异，每个人在最近发展区的现有水平也会出现差异，对于教师而言需要对学习者的现有水平做出了解，再据此搭建"脚手架"。了解学习者的现有水平可通过题目小测或问题汇总的形式。以题目小测为例，先从概念性以及程序性问题入手，比如单纯形法主要有哪几个步骤，如图1所示。进而了解到有将近50%的学生并不了解单纯形法的原理与思想，也就是不了解每个步骤的作用。

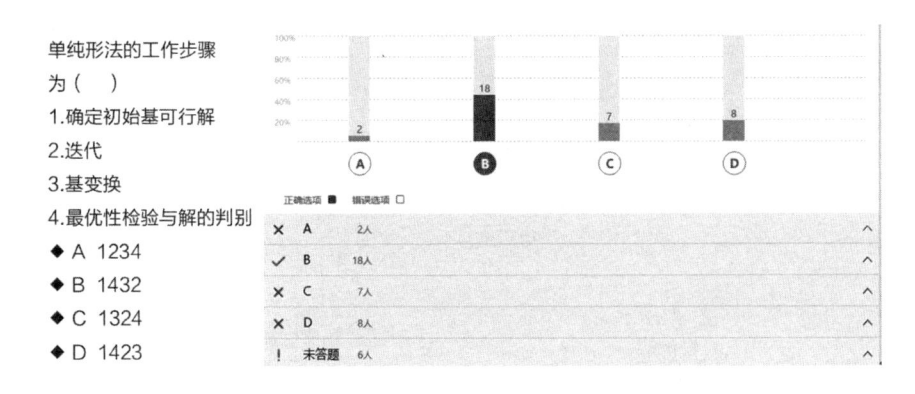

图1 程序性问题的统计数据

（二）搭建"脚手架"

搭建"脚手架"主要是针对怎么用的问题。在了解学习者现有水平的基础上，先讲解单纯形法求解线性规划的思路，如图2所示：选取可行域某一顶点，即一组基可行解，判断是否是最优解，如果是，输出最优解；如果不是，判断是否无最优解，无最优解终止；有最优解则更换更优顶点，重复这一过程直至得到输出结果。第一步，找到初始可行基，确定初始基可行解，即是对应思路框图里面选取可行域某一顶点。之后引出确定初始基可行解的具体内容，根据对初始基可行解更具体的现有水平了解，构建这一知识点下的"脚手架"。在第二步的选择上，答案虽然分散，但是大多集中在基变换和最优性检验与解的判别上，需对这两个步骤的作用进一步做出区分。选择基变换的同学就好像是班级中超级勤奋刻苦埋头做事却不见成效的同学；而选择最优性检验与解的判别则像是边努力做事边反观目标在哪，下一步往哪走的同学，几个轮回下来，进展显著。所以第二步需进行最优性检验与解的判别，万一第一步非常幸运获得最优解，后面也就省去了无用功。如果没有得到最优解，那么接下来就是基变换和迭代运算，主要作用是更换可行域的顶点，得到另一组基可行解，使之更接近于最优解。

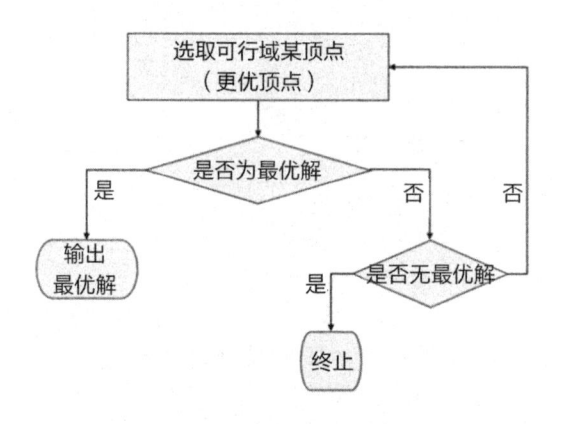

图2 单纯形法求解线性规划的思路

【单选题】X是线性规划的基本可行解则有（ ）。

正确答案：A

A.X中的基变量非负，非基变量为零　　25人　67.6%

B.X中的基变量非零，非基变量为零　　8人　21.6%

C.X不是基本解　　1人　2.7%

D.X不一定满足约束条件　　3人　8.1%

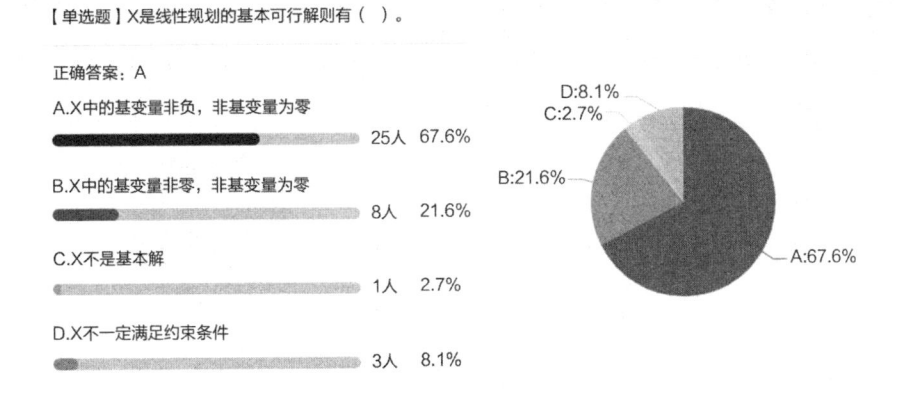

图 3　理解能力问题的统计数据

搭建"脚手架"的过程中也需配合题目随时了解学生对知识点的掌握情况。单纯形法教学中一般将变量分为基变量与非基变量两类，求解过程中会对约束条件做变形，将基变量写成非基变量的表达式形式，令非基变量取值为0得到基变量的取值，从而得到一组基可行解。基于这样一个知识点的讲授，向学生设置对应于基可行解的取值情况的问题，如图3所示。通过图3对学生答案统计数据的分析，可得知68%的学生已经理解了这一知识点，另外约30%的同学则是忽略了不管用何种方法求解，解一定是需要满足约束条件，那么线性规划问题中决策变量需大于等于0。这样通过学生的答题情况也可随时进行补充教学，也就是"脚手架"的扩充搭建。

（三）潜在水平的转变检测

基于"鹰架式教学"理念，教师教学的目的是使学生在教师的帮助下从原有的知识发展水平提升到更高的发展水平。在单纯形法学习过程中，已经完成了对学生现有水平的了解并且在此基础上构建"脚手架"帮助学生提升到更高的发展水平。但是学生是否将这一知识点掌握透彻，将原来的潜在水平转变为现有水平，仍需要继续测试观察统计结果。在这一阶段的测试中，主要针对为什么来设问。

【判断题】一旦一个人工变量在迭代中变为非基变量后，该变量及相应列的数字可以从单纯形表中删除，而不影响计算结果。

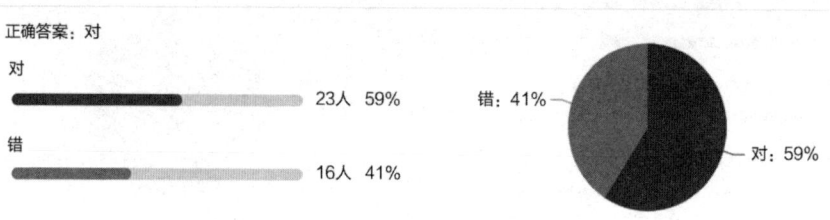

正确答案：对

对　23人　59%
错　16人　41%

错：41%
对：59%

图 4　反思性问题的统计数据

在单纯形法求解的第一步确定初始基可行解时，通常需要加入松弛变量以及人工变量构建出单位子矩阵作为初始可行基，进而得到初始基可行解。可是加入人工变量之后的求解在单纯形法原始应用基础上需做改变，因此有了对单纯形法的进一步讨论，即大 M 法和两阶段法。以大 M 法为例，为了不影响原约束条件左右两边的等式关系，必须使人工变量取值为 0，为了保证人工变量取值为 0，就在求最大化的目标函数中加上（$-M$）乘人工变量。当计算完毕所有非基变量检验数小于等于 0 且基变量中不含有人工变量时，即求得最优解。结合例题的计算过程完成这一知识点的教授之后，设置反思性问题，如图 4 所示，这一最优解的判据是否合理，为了保证其合理，那么一旦一个人工变量在迭代运算过程中变为非基变量，该变量及相应列的数字可以从单纯形表中删除，而不影响计算结果。这一说法又是否正确呢？从图 4 得到的统计结果可以看出，在不排除随机性误差的情况下，有约 60% 的学生能够比较透彻地了解这一知识点，将其发展成现有水平。针对另外约 40% 的学生，找到理解上的偏差，继续完善"脚手架"的构建。

四、总结及反思

将"鹰架式教学"理念融入线上自学与线下课堂教学混合的创新性教

学方法中，进行了"管理运筹学"混合式教学的探索。以单纯形法教学为例，在知识点的学习上学生采用线上学习的方法，提高了学习者的学习行动力；在后续现有水平了解以及构建"脚手架"帮助学习者向更高水平发展的过程中，设置不同层阶的题目，增加了学习者的参与度以及师生的互动；最后在知识点学习之后，设置更加高阶的反思性问题，体现出挑战性，促使学习者进入反思阶段。在构建"脚手架"过程中顺应学生大脑排斥困难事情的本能，遵循由易到难的层级构建特征，从心理以及思维两重角度接受新事物。

在结合"鹰架式教学"理念与线上线下混合式教学方法进行教学内容设计之余，还应进一步探索设置合理的激励措施。使其在能力上限付出的努力与获得的激励相匹配，促进学生成就感的累积，进而推动学习者对学习的主动性和积极性。其中激励措施的适用性与匹配度的问题尚需进一步研究。

参考文献

[1] 马成东，张钊."互联网+"背景下高等职业教育"师生协同一体化"创新型教学模式实践探索——以《经济数学》课程为例. 现代营销 2019：242-243.

[2] 教育部. 国家中长期教育改革和发展规划纲要（2010-2020）http：//old. moe. gov. cn/publicfiles/business/htmlfiles/moe/info_list/201407/xxgk_171904. html？authkey = gwbux.

[3] 王晓磐. 高校教师混合式教学接受度模型建构与实证研究［D］. 云南师范大学，2018：1-2.

[4] 王祖源，张睿，顾牡，张志华. 基于 SPOC 的大学物理课程混合

式教学设计与实践 [J]. 物理与工程 2018, 28 (4): 3-19.

[5] 美国 K12 市场研究: 翻转课堂、混合式学习将超 60%. [EB/OL] 2015-1-23. http://www.zhongjiaomedia.com/z/1443.html.

[6] 谭永平. 混合式教学模式的基本特征及实施策略 [J]. 中国职业技术教育, 2018 (32): 5-9.

[7] 何克抗. 从 Blending Learning 看教育技术理论的新发展 (上) [J]. 中国电化教育, 2004 (3): 5-10.

[8] 高西. 整合移动工具的大学英语混合式教学的设计与应用研究 [D]. 深圳大学, 2017: 8-11.

[9] 崔焕金, 曾蓓. 新媒体课堂环境下混合式教学模式创新研究 [J]. 教育观察, 2018 (15): 87-90.

[10] 杨芳, 魏兴, 张文霞. 大学英语混合式教学模式探析 [J]. 外语电化教学, 2017 (1): 21-28.

[11] 曾贞. 数据人: 大数据教育时代学习者特征分析及其教学对策研究 [J]. 黑龙江高教研究, 2017 (3): 10-15.

[12] 宁连华, 涂荣豹. 利用数学是常识的精微化指导数学教与学 [J]. 数学教育学报, 2001, 10 (1): 25-27.

[13] 杜军. "支架式"教学应重视"脚手架"的搭建 [J]. 教育理论与实践, 2005 (7): 51-53.

华侨大学　土木工程学院

翻转课堂在高校体育教学中的
应用价值、现实阻碍与推进路径

张颖慧

摘 要：翻转课堂是当前我国高等学校教育教学改革的热点话题，但其在高校体育教学中的应用与研究均有待深入。研究采用文献资料法、逻辑分析法，从翻转课堂的内涵与特点出发，重点讨论翻转课堂在高校体育教学中的应用价值、现实阻碍与提升路径。将翻转课堂应用于高校体育教学，可实现优化讲练比例，激发学生自主锻炼等价值；但实际应用中会遇到传统体育课堂的惯性阻碍、教师应对翻转课堂教学要求的不足等问题。为更好地促进翻转课堂在高校体育教学中的应用，提高其应用效果，应做好体育教师翻转课堂教学培训与激励等方面的工作。

关键词：翻转课堂；高校体育教学；应用价值

前言

信息技术的不断发展深刻地改变了社会经济运行的生态，也在教育领

---

① 张颖慧（1987— ），女，江西吉安人，讲师，博士，研究方向为体育管理。

域掀起了全球教育信息化的浪潮，翻转课堂就是在此浪潮中应运而生。这一兴起于美国的新型教育模式，因其以学生为中心的教学理念、充分整合技术的教学过程、良好的教学效果，在全球范围内得以应用并引起广泛关注[1]。翻转课堂于2011年左右进入中国，并迅速在实践和理论研究领域激起反响，成为近年来我国教育改革的热点[2]。尽管如此，翻转课堂在实践中仍存在诸多误识[3]，也有不少反思和批判[1]。高校是翻转课堂应用的主阵地[4]，目前翻转课堂教学的应用和研究主要涉及大学英语、计算机、医学、化学等学科领域[5-8]，在高校体育教学中的应用与研究相对较少[9]。鉴于此，本文从翻转课堂的内涵与特点出发，重点讨论翻转课堂在高校体育教学中的应用价值、现实阻碍与提升路径，以期为高校体育教学改革提供参考。

一、翻转课堂的内涵与特点

1. 翻转课堂的内涵

翻转课堂是对传统课堂教学结构的翻转。传统课堂教学是一种"先教后学"或"边教边学"的模式，课上的主要活动是教师授课、学生听讲、教师布置课后作业，课后学生回到家完成课后作业。在传统课堂教学过程中，教师是讲台上的智者，主要传授知识，并按照既定的、统一的教学进度完成课程教学；而学生独立进行课后的学习活动，往往很难寻求同伴和教师的帮助。当有学生未能完全掌握某一知识点而仅有浅显的认知时，他也必须跟随教师进入到下一环节的教学，而这可能导致恶性循环。

翻转课堂则是一种"先学后教"的模式，课前教师将教学内容（如提前录制好的教学视频）发送给学生，由学生根据自己的学习节奏和时间安排进行自主学习，并完成课前的在线测评。到课堂上，由教师解答学生的疑问，指导和协助学生完成作业，设计和组织课堂活动深化学生对知识的理解和应用，帮助学生进行知识内化。课后，教师根据学生的学习反馈和考核情况，为其针对性地安排学习进度，进行个性化教学。在这一模式中，教师和学生都不再需要应对冗长的课堂讲授，而将重点放在为学生解决理解和应用知识点时遇到的难题上。

2. 翻转课堂的特点

翻转课堂能成为教育教学改革议程的热点问题，不仅仅在于其对传统课堂教学结构的翻转，更体现在它以信息技术为基础的教育理念变革。

(1) 善用信息技术为支撑

翻转课堂对信息技术的利用主要表现有：① 教师制作教学材料，如视频、音频等。它通常短小精悍，每个约10分钟左右，可称为微课或微视频，这符合心理学中人学习时所能保持的注意力时限。② 教学资源发布和师生互动平台，师生可采用公共或专用的技术平台用于发布教学资源及进行师生互动。③ 线上试题库、在线测评、在线调查等。④ 数据分析工具，可反馈学生的学习情况、测评结果，识别学习困难的学生。

(2) 化被动学习为主动学习

传统的课堂教学是一种以教师为主导的、学生进行被动式学习的模式。而翻转课堂的教学理念是以问题为导向，激发学生主动、自主学习，将课堂转化为教师指导、协助学生解决问题，合作式地应用知识、探索知识的空间，以促进学生个体的知识建构和能力提升。马尔科姆·诺尔斯在一本极具影响力的著作《成年学习者》中称："如果我们清楚自己学习的目的，而且学习能够满足我们的需求，那么我们就能快速而深入地进行学习"[10]。翻转课堂主张以主动式推进学生的学习。

(3) 化标准化教学为个性化教学

在传统课堂中，教师按照统一进度执行统一的教学方案，学生接受的是近乎标准化的教学。教学的参考是依据班级的中位数水平，这导致习得快的学生吃不饱，而习得慢的学生跟不上。在翻转课堂，学生有机会按照自己的节奏进行学习，如理解慢的同学可以在课前反复观看视频，而在传统课堂，他无法复盘教师课上的讲授；教师可以根据数据分析和课堂观察的结果，掌握学生的学习情况、习惯等，更好地因材施教。

二、翻转课堂在高校体育教学中的应用价值

1. 优化讲练比例，促进学生体育知识与技能提升

在传统体育教学模式中，技术教学是按照教师示范与讲解——组织学生练习——纠正错误动作——形成动作定力定型这四个环节来展开的[11]，概括而言，可以分为教师的"讲"和学生的"练"两部分。教师的示范与讲解对于学生的练习非常重要，而学生的练习对于其技能提升非常关键。在传统体育课上，"讲"和"练"是一对矛盾，讲得多了，就练得少了，反之亦然。而在翻转课堂模式下，教师的讲解和示范可制作为教学视频，由学生在课前观看并自主练习。制作的教学视频可以采用各种信息化技术，进行更为丰富和精准的展示，例如对动作进行三维的立体展示、慢动作展示等，这会使得体育教学的直观性大大增强，也拓宽了教学知识容量。如，在学习"起跑动作"时，教学视频往往比教师现场示范和讲解更能让学生理解动作要领，尤其是"跑"口令之后的动作变化太快，视频的慢动作展示能让学生更清晰地看到动作过程。到翻转课堂上，教师再组织学生进行练习，观察学生的动作情况，纠正学生的错误动作，解答学生在练习中的疑问。因此，翻转课堂模式的应用可优化讲练比例，提高课堂教学的练习密度，促进学生体育知识和技能的双提升。

2. 实现个性化教学，更好地发挥学生的运动潜能

相较于传统体育课堂，翻转课堂以激励学生自主性和积极性为重心，

同时尊重学生之间的差异性，这使得翻转课堂在实施个性化、差异化教学上更胜一筹。传统体育课上，教师的讲解和示范时间有限，且难以照顾不同学生在理解和学习节奏上的差异性；学习节奏慢往往被视为学习能力差，从而挫伤了部分学生的积极性。翻转课堂认为学生必须完全掌握前一阶段的知识才能很好地推进下一阶段的知识学习，比如学生在学习排球时，还没练好自垫球就被迫学习双人或多人对垫球，他将很难学好以至于严重影响他们对这门课的兴趣。翻转模式下的体育课堂，并不要求所有学生学习同一内容，练习同一动作。例如，已经学会自垫球的学生，可以进行双人对垫球练习，而自垫球技术掌握较差的学生则需继续练习自垫球，教师多加指导，纠正其错误动作，讲解错误原因，帮助学生更好地掌握这一动作，学生也可以寻求同伴的帮助。这种尊重并考虑学生个体差异的个性化教学，可充分挖掘学生的运动潜能，甚至可以从普通非体育专业学生中挖掘出运动优秀生，给予他们充分的运动潜能释放空间。

3. 提升教师教学能力，促进体育教师的专业成长

将翻转课堂应用于高校体育教学时，对高校体育教师的教学能力尤其是教学技术应用能力提出了更高的要求。例如，体育教师需熟悉相关的信息化技术手段，设计开发自己的微课程。在实践中，有经费保障的体育教师可在专业公司的协助下进行视频拍摄，但教师需要完成视频内容的设计，包括创意构思、内容结构及展现方式等；自己制作教学视频的教师，则需要借助各种工具（如电脑、手机、摄像机等）和软件（如录制和教学软件），录制分解示范动作、完整示范动作，并配以同步讲解及其他文字或视频补充，然后进行必要的处理和美化，最终形成教学成品。这两种方式均对教师的专业功底、表达能力、引导能力提出了考验，后者更是对教师的计算机操作水平、软件学习与应用能力发出了挑战。此外，到翻转体育课堂上，教师要进行有效的课堂组织，除了组织学生练习动作之外，也

要设计一些课堂活动，强化学生对运动技能的掌握和应用。教师也要有更强的反思能力，能够基于平台的数据分析、课堂观察、师生互动等的反馈结果，适宜、灵活地调整教学设计。总之，翻转课堂的实践过程必然督促体育教师努力提升自己各方面的能力；通过观看自己的教学视频，查看网络平台的学员或其他教师反馈也可发现自身的不足，从而促使自己不断提升教学业务能力，促进个人的专业发展。

三、翻转课堂应用于高校体育教学的现实阻碍

1. 传统体育课堂的惯性阻碍

长期以来，传统体育教学形成了相对固定的教学模式，主要表现为在运动场地借助运动器材，进行教师的动作教授与学生的动作学习为内容的活动。体育教师进行教学主要依赖于其自身的运动技能和教学经验，较少运用、依靠其他辅助教学技术手段，如多媒体设备、线上平台等。同时，在我国高校重科研轻教学、大学体育教育目标不明确和体育教学评价不科学等多种因素影响下，高校体育教学在教育信息化、现代化上的步伐是比较缓慢的，这导致多数高校体育教师对翻转课堂、慕课或微课的积极性不高，甚至有教师持本能的反对与批判态度。尽管翻转课堂教学模式引入我国已有十年，在高校应用相对广泛，但在体育这一实践课程中的应用力度远小于其他理论课程。从学生的角度，学生从长期被动式学习转向主动式学习也会出现不适应。对于学生而言，大学体育课是精力投入较少的课程，课前基本无需预习，课后也几乎没有作业。而翻转课堂给学生带来了课前任务，会增加学生的精力投入。在缺乏监管的情况下，课前观看教学视频全凭学生自觉。在实践中发现，为提高学生的课前在线学习率，教师只好采用将课前学习与分数挂钩的形式作为干预措施，但这种干预又意味

着被动学习，似乎违背了翻转课堂的初衷。因此，学生的被动式学习惯性也是影响翻转课堂实施的主要因素。

2. 教师应对翻转课堂教学要求的不足

如前所述，翻转课堂对于教师的教学能力要求较高。实施翻转课堂时，教师的工作量会大大增加。教师需要花费更多的时间和精力去制作或挑选课前的自主学习材料。教师自行制作一个十分钟、相对精良的教学视频，往往需要数小时甚至数天的时间，这不仅会打消一些教师尝试新鲜事物的兴趣，也会降低一些教师的积极性。同时，教学视频可能暴露一些体育教师自身运动技能上的弱处，如动作示范不是十分精准，进而让教师打起退堂鼓。此外，翻转课堂的重心实际上不在课前，而是在课上。翻转课堂不要求体育课以统一节奏进行，即不同学生在同一时间可能在学习和练习不同的技术动作，体育教师需要进行分层教学。而分层教学方法在传统体育课堂应用较少。此外，翻转体育课上用于"练"的时间增加了，多出来的时间如何用好而不浪费，对于体育教师而言也是考验。而现实中，高校体育教师除了要认真备课上课，还需要完成科研任务、指导学生竞赛、参与赛事活动等，这些繁杂的工作导致高校体育教师的时间与精力有限，同时也缺乏足够的动力再主动增加自己的工作量。另外，高校体育教师大多毕业于体育教育专业，该专业侧重于对体育知识、技能的掌握、体育教学能力的培养，对信息化技术手段的掌握要求较低，对组织、管理、评价等其他综合能力的培养偏弱。这导致高校体育教师在应用翻转课堂时出现应对困难的现象。

3. 体育教学技术支持系统的不完善

现代信息技术的运用是课堂得以翻转的重要保证。当前，国内翻转课堂的应用还缺乏专业、高效的技术支持平台。高校教师在应用翻转课堂时，往往选用不同的技术平台。有的直接通过 QQ、微信、钉钉、邮件等工具发送教学视频供学生下载学习，有的将视频发布在中国大学 MOOC、网易云课堂、学堂在线等在线开放课程学习平台，供学生在线学习。但这些平台和工具只满足了翻转课堂的部分技术需求，即资源共享。而一个完整、专业的教学平台应该是一个为师生提供教与学、互动交流、统计信息的载体，在课前、课中、课后三个阶段全程为师生提供课程资源，帮助教师完成课程资源建设，辅助师生完成教学过程[12]。缺乏成熟、友好的技术支持系统是影响翻转课堂推广的主要因素。另外，体育这一实践课的独特性对应用技术提出了更高的要求。如，理论课程与实践课程的在线测验不同，前者可直接通过题库导出试题，学生在线完成后系统可直接产生测验结果，而后者需要一个练习视频上传系统，现有的公共平台中均没有这一功能。此外，教师需要额外的技术手段来检验学生的练习情况，否则只能依靠人工评价，当学生人数较多时，将大大增加教师的工作量。因此，专业的体育教学技术支持系统的缺乏在一定程度上影响翻转课堂在高校体育教学中的应用。而教学技术平台的建设需要不小的资金投入，经济成本是限制高校教学技术平台建设的原因之一。

四、翻转课堂应用于高校体育教学的提升路径

尽管以翻转课堂为代表的新型教学模式在高校体育教学中的应用较少，也面临不小的现实阻碍，但是它的教育理念代表了未来高校体育教育的发展趋势，反映了信息化社会对人的培养的更高要求。为更好地将翻转课堂应用于高校体育教学中，应从以下几方面着力提升：

1. 高质量体育教学资源的制作

在传统课堂上，体育教师的示范往往吸引学生的注意力，有助于活跃

课堂气氛，提高学生的参与性。转换为翻转课堂时，若学生观看教学录像式的视频会缺乏现场感和互动感。高质量的体育教学视频应是融逻辑性、知识性、趣味性于一体，能够激发学生的观看和学习欲望，这是有效实现翻转课堂的重要基础。实现高质量体育教学资源的制作大致有两条路径：一是在国家和学校相关政策的引导下，通过各种方式激励体育教师积极创新，在尝试与反馈中不断提高公共体育课在线教学资源制作的质量，最终形成一批高质量的体育教学资源，这些精品资源可进行推广。二是社会上从事体育教育、体育培训类的机构也可开发在线体育教学资源。实际上，一个翻转课堂对在线教学资源量和质的高要求往往会超出单个任课教师的工作负荷量。因此，开发在线体育教学资源或者辅助资源具有很大的市场空间，高质量的社会教学资源也可引入到高校教学中来。

2. 翻转课堂教学培训与激励

各个高校应加强对体育教师进行有关翻转课堂等新型教学模式的培训，及必要的考察学习。加强教师培训是教师队伍培养的重要内容，高校应引导体育教师，尤其是年轻体育教师摆脱固有的传统体育教学思维，提升学习和自我成长意识，强化责任和危机意识。在培训内容上，一方面，要引导体育教师正确认知翻转课堂的教学理念及其价值，通过课程学习、讲座讨论、观摩教学名师翻转课堂公开课等多种形式提升教师对翻转课堂教学理念与形式的兴趣与了解；另一方面，要加强对翻转课堂教学技术工具的指导与协助，为教师解技术之忧。高校应规范教师实施翻转课堂的开课流程及相应的监督与评价机制，应建立奖励良好的激励机制或政策，以及具体的实施举措，由点及面地引导体育教师或者教师团队探索翻转式的体育课堂并不断优化。

3. 教学技术支持平台的建设

当前，已有学堂在线、中国大学 MOOC、智慧树、超星尔雅等公共慕课平台，提供大量的在线课程供选择学习，其中也包括一些体育课程。但如前所述，这些平台并不能完全满足翻转课堂的需要，尤其是实践类课程的翻转。因此，国家和各高校应有规划地、逐步地建设和完善包括体育教学在内的翻转课堂技术支持平台，并积极地推广成功经验；同时在做好信息安全的基础上，建立健全与社会机构进行技术合作的机制。值得一提的是，有些高校甚至高校内各学院均积极与社会机构合作，开发自己专用的教学技术平台时，耗资较大，但效果不佳，造成资源的严重浪费。因此，高校应科学合理地、有布局、有规划地建设翻转课堂技术支持平台，同时应善用社会资源。

4. 加强对体育翻转课堂的总结与研究

为不断提升翻转课堂应用于高校体育教学的力度和有效性，体育教师应注重对翻转课堂实践的及时总结与经验分享，并对实践中产生的问题积极地展开科研探索。翻转课堂在国内外实施至今，有关其教学效果的检验研究众多，但结论并不统一。究其原因，在于翻转课堂代表了一种新的教学理念，这种理念更趋近于教育的本质从而显现出一定的优势，但实践中，它既展现出很强的灵活性，也具有较大的局限性。同一个方案在不同的教师身上或不同的班级上会展现出不同的教学效果。准确把握翻转课堂的教学理念，并根据教师、学生、教学内容、环境等实际情况进行灵活、恰当的实施安排，是翻转课堂有效开展的根本。因此，翻转课堂并不能取代传统课堂，它可以单独用、部分用、组合用，在条件不适宜的时候不能用，知晓如何用并最终达到熟练用，关键在于不断积累对翻转课堂的总结与研究。高校体育翻转课堂应深刻理解我国高校教育实情与体育教学独特性，从一般策略上来说，教师应准确把握翻转课堂要求下教师角色的转变，从心态、能力上做好充分的准备，真正从自我中心走向学生中心；学生的自主性是翻转课堂实施的重要前提，除了教师通过针对性、任务性的刺激促使学生自主性的养成外，社会、学校与家长的多方合作也是重要基础；教学内容上，应做好线下内容与线上内容的分工与衔接，以激发学生自主学习与锻炼兴趣为主要目标。

结束语

翻转课堂是相对于传统课堂提出的新型教学模式，但它不是对传统课堂的替代，而是一种教学理念的创新和教学模式的改良，如何用好翻转课堂是高校体育教师需思虑的重中之重。高校体育部门和教师应充分认识翻转课堂在高校体育教学中的应用价值及现实阻碍，同时准确把握高校体育教学的独特性，不断积累对翻转课堂的探索、总结与研究，以更好地促进与提升翻转课堂在高校体育教学中的应用力度与应用效果。

参考文献

[1] 卜彩丽，张宝辉. 国外翻转课堂研究热点、主题与发展趋势——基于共词分析的知识图谱研究 [J]. 外国教育研究，2016，43（9）：93-106.

[2] 杨春梅. 高等教育翻转课堂研究综述 [J]. 江苏高教，2016（1）：59-63.

[3] 毛齐明，王莉娟，代薇. 高校翻转课堂的实践反思与超越路径 [J]. 高等教育研究，2019，40（12）：75-80.

[4] 卜彩丽，孔素真. 现状与反思：国内翻转课堂研究评述 [J]. 中国远程教育，2016（2）：26-33.

[5] 邓笛. 翻转课堂模式在大学英语教学中的应用研究述评 [J]. 外语界，2016（4）：89-96.

[6] 战德臣, 聂兰顺, 张丽杰, 徐晓飞. 大学计算机课程基于 MOOC + SPOCs 的教学改革实践 [J]. 中国大学教学, 2015 (8): 29 - 33.

[7] 张立. 分析化学"翻转课堂"实施及效价探讨 [J]. 西南师范大学学报 (自然科学版), 2018, 43 (11): 179 - 183.

[8] 李远婷, 马晓林, 田永芝, 安登第. 翻转课堂在免疫学教学中的探索与实践 [J]. 微生物学通报, 2017, 44 (5): 1242 - 1248.

[9] 王国亮, 詹建国. 翻转课堂引入体育教学的价值及实施策略研究 [J]. 北京体育大学学报, 2016, 39 (2): 104 - 110.

[10] Knowles, M. The adult learner: A neglected species [M]. Madison, WI: American Society for Training and Development, 1973: 95.

[11] 李平平, 王雷. 机遇与挑战——翻转课堂对我国高校体育教学的启示 [J]. 南京体育学院学报 (自然科学版), 2015, 14 (4): 122 - 128.

[12] 李香菊, 谢修娟, 珥娜. 翻转课堂教学平台的设计及应用研究 [J]. 教育现代化, 2019, 6 (61): 142 - 145.

华侨大学　体育学院

互动式教学方法在大学课程中的应用及其效果
——以"社会福利与社会救助"课程为例

韩 艳 徐敏珍

摘 要:"社会福利与社会救助"是劳动与社会保障专业的核心课程之一。互动式教学方法具有开放性、灵活性、互动性等特点,贯穿于"社会福利与社会救助"课程的全过程。互动式教学方法的运用对提高班级学生成绩优秀率有显著效果,并在一定程度上有助于提高学生对课程的满意度和对教师的认可度。

关键词:互动式教学;小组讨论;效果

一、引言

"社会福利与社会救助"是劳动与社会保障专业的核心课程之一,具有极强的政策性和实践性,学习的重点内容既包括社会福利和社会救助的基础理论,也包括不同国家以及我国不同历史时期社会福利和社会救助的状况、政策演进及改革内容等。"社会福利与社会救助"课程培养的目标

---

① 基金项目:福建省创新战略研究项目(项目编号:2020R0063)。
韩艳,女,汉族,安徽亳州人。华侨大学政治与公共管理学院讲师,华侨大学政治发展与公共治理研究中心成员,研究方向为社会保障和公共服务。

不仅要让学生掌握社会福利与社会救助的基础理论知识,还要让学生学会运用理论知识去理解和分析实践中遇到的问题及改进的路径。这就需要学生在课程中模拟现实情境表达自己对社会福利与社会救助的看法并分析政策的利弊。因此,传统的"填鸭式"教学方式不适合本课程的教学需求。基于此,笔者把互动式教学方法引入到"社会福利与社会救助"的教学课程中。

所谓互动式教学,是指在开放的教育环境下,把课堂教学活动设计为教师与学生、学生与学生之间多层次、多方位、多途径的交互活动过程的一种新型教学结构形式[1]。有学者从学生的角度出发,认为互动式教学具有开放性、灵活性、互动性等特点,有利于提高学生的学习感受与学习体验,调动学生学习的积极性和主动性[2],有利于培养学生的思维能力和创新能力[3],使学生的主观能动性和创造性思维在不知不觉中得到显著提升[4]。还有学者指出,互动式教学可以让课堂气氛更活跃,使教师与学生相处更加融洽,能够缩短师生之间的距离,调动师生参与教学活动的积极性[5],形成良好的师生互动、生生互动,从而产生良好的教学共振[6]。基于学者的研究,本研究以"社会福利与社会救助"课程为例,探究互动式教学方法的使用方式及其效果。

二、互动式教学方法在"社会福利与社会救助"课程中的运用

笔者于2019年和2020年第二学期分别给2016级公共事业管理1班(43人)和2017级公共事业管理1班(49人)讲授"社会福利与社会救助"课程。"社会福利与社会救助"是面向公共事业管理专业本科三年级的学生开设的课程,总共36个课时,每周授课2个课时。两个班级参与此次教学实践活动的学生人数共92人。在对比教学实验前,分别对2017级公共事业管理1班和2016级公共事业管理1班上学期学生成绩的平均绩点

进行 t 检验，t 值为 0.121，p 值大于 0.05，表明两个班级学生无显著差别，适合进行本次教学实验研究。

与传统教学下的"教材—教师—学生"模式不同，笔者在 2016 级公共事业管理 1 班的"社会福利与社会救助"课堂教学中采用了互动教学模式，对 2017 级公共事业管理 1 班采用传统的教学方式，以此形成了一对控制组和实验组。笔者运用互动教学方法贯穿于 2016 级公共事业管理 1 班的"社会福利与社会救助"课程的课前、课中和课后三个阶段。

（一）上课前，做好软硬件准备，并对学生随机分组

互动教学方法需要相应的硬件设施做支撑。笔者申请了学校为数不多的具有完备的多媒体设备以及可移动桌椅的互动教室作为授课教室。在课程开始之前，笔者运用雨课堂的随机分组功能将班级 43 位学生分成 7 组，每组 6 至 7 人，以方便课堂中以分组的小组为单位自由组合桌椅围圈而坐。为避免坐在角落学生受教室空间限制得不到教师关注，各小组的座位实行流动制，每周进行一次轮换。在此基础上，教师还为班级建立了微信课程群，并使用雨课堂部分功能，以在课前或课后分配学习任务。

（二）课中，使用多种互动式教学方法

课堂中，"社会福利与社会救助"课程运用多种互动式教学方法，如案例讨论、小组讨论、小组汇报、学生个人主动发言加分等。在"社会福利与社会救助"课程开始时，教师先导入问题或者创设情境，让学生带着问题思考和学习，以让学生明确学习目标及学习重点难点。在课堂教学中，根据课程内容有时使用案例分析的教学方法，让学生将理论知识与案例相结合，有助于加深学生对社会福利与社会救助知识的理解。课程进行中，针对关键的理论知识，教师会设计问题发问，鼓励学生主动举手发言

表达自己的看法和意见，对主动发言的学生给予加分奖励。同时，教师也会组织小组讨论。小组讨论基本按照"理论知识—提出问题—小组自由讨论—小组展示—教师评分"的流程进行。在整个教学过程中，教师都对教学的进度做到精准把握，并给学生预留一定的思考时间和空间。通过应用与学生建立起来的交流和反馈机制，在授课的过程中根据从学生身上获取的反馈信息及时调整教学进度和教学方式，而学生与学生之间也可以进行交流与反馈，形成活跃的师生、生生讨论平台。

（三）上课后，及时归纳总结，形成调整机制

教师在课堂教学结束后，布置和分配下节课的互动学习内容，包括小组汇报和重要关注的知识点。与此同时，教师依据学生的课堂互动表现及学生反馈的信息总结本堂课的教学情况，并对下一次课堂教学的某些环节和互动式教学方法进行调整。此外，教师还对学生在课堂中的互动表现，如小组汇报、案例分析、主动回答问题等，做出评估并对其进行计分，纳入平时成绩，并加入期末总成绩中，这样有助于提高学生学习的积极性和主动性。课后，笔者还通过雨课堂、微信群对学生提出的问题实行实时解答，在课后会随机选取几名学生进行交流，掌握学生的学习情况，以适时调整课程的内容及互动教学方式，达到更好的教学效果，实现教学相长。

三、"社会福利与社会救助"课程互动式教学效果分析

对比 2017 级公共事业管理 1 班 49 人的传统教学，2016 级公共事业管理 1 班 43 人的互动式教学有更好的教学效果。教学效果首先体现在教学成绩的分布上。在 2016 级公共事业管理 1 班学生的课程成绩构成方面，教师加大了学生在课程中的互动表现分数的权重，即期末笔试成绩占总成绩

的 60%，互动表现成绩占 40%，其中课堂小组作业汇报成绩占 12%，课堂小组讨论和案例分析成绩占 16%，课堂主动发言成绩占 12%。期末考试试卷设置均符合教学大纲，不仅考察学生的理论知识掌握状况，还需要学生具备一定的理论联系实际分析社会问题的能力。试题总量适中，确保大多数学生都能在规定时间内完成考试。

期末考试结果显示，采用传统教学方法的 2017 级公共事业管理 1 班的期末考试平均分为 80.6 分，90 分以上（优秀）11 人，80~89（良好）22 人，优秀率和良好率分别为 23% 和 46%；70~79（中等）8 人，中等率为 17%。而采用互动式教学方法的 2016 级公共事业管理 1 班的期末考试平均分为 82.5 分，比传统教学方法下的学生成绩平均分高 1.9 分；90 分以上（优秀）14 人，80~89（良好）17 人，优秀率达和良好率分别为 33% 和 40%，优秀率比传统教学方法下的优秀率高 10%。70~79（中等）5 人，中等率达 12%。从以上的分析可以看出，互动式教学方法在提高学生成绩的优秀率方面成果显著。

在学生评教方面，2017 级公共事业管理 1 班的评教分数为 91.27 分，2016 级公共事业管理 1 班的评教分数为 92.26 分。采用互动式教学方法的 2016 级公共事业管理 1 班的评教分数略高于采用传统教学方法的 2017 级公共事业管理 1 班。由此可见，互动式教学一定程度上提高了学生对课程的满意度和对教师的认可度。

表 1　2016 级和 2017 级成绩统计表

2016级成绩统计表	最高分	96		最低分		39		
	成绩	优(90—100)	良(80—89)	中(70—79)	及格(60—69)	不及格（<60）		
						40—60	<40	小计
	人数（n）	14	17	5	2	3	1	4
	n/N*100%	33%	40%	12%	5%	7%	2%	10%
2017级成绩统计表	最高分	93		最低分		55		
	成绩	优(90—100)	良(80—89)	中(70—79)	及格(60—69)	不及格（<60）		
						40—60	<40	小计
	人数（n）	11	22	8	5	2	0	2
	n/N*100%	23%	46%	17%	10%	4%	0%	4%

四、结语

"社会福利与社会救助"课程是社会保障专业的重要课程。互动式教学方法离不开良好的教学设计，互动式教学方法贯穿于"社会福利与社会救助"的课前、课中和课后三个阶段。课前，教师要对学生进行分组并做好各种软硬件准备；课中，要在教师的主导下使用多种互动式教学方法，如案例分析法、小组讨论、随机提问等；课后，要对课程进行归纳总结，以适时调整教学进度和教学方法。通过对比2017级公共事业管理1班和2016级公共事业管理1班两个班级的期末成绩和评教分数，发现互动式教学方法在提高班级学生成绩优秀率方面有显著效果，并在一定程度上提高了学生对课程的满意度和对教师的认可度。

在未来的教学实践中，"社会福利与社会救助"课程要进一步完善课程教学设计，加强教师和学生对互动式教室及其软件使用的熟悉程度，在课前、课中和课后尝试更多、更新、更好的互动式教学方法，从教学主体参与整体化、教学过程设计动态化、教学成绩评定灵活化三方面，推进本科教学从"教"到"学"的转变以及教师与学生、学生与学生的深度互动，以实现提高学生学习质量和教学质量的目标。

参考文献

[1] 邓海燕. 采用互动式提高英语教学效果 [J]. 中国高等教育, 2014 (23): 42-43.

[2] [4] 王遂敏. 高校思政课互动式教学的内涵及构建研究 [J]. 科教文汇（中旬刊）, 2020 (9): 67-69.

[3] 胡展英, 傅华勤. 关于高校互动式教学的思考 [J]. 江西青年职业学院学报, 2008 (3): 83-85.

[5] 莫闲, 袁媛. 大学生学习动机整合状况的调查研究 [J]. 教育理论与实践, 2008 (33): 39-41.

[6] 徐锦芬, 寇金南. 大学英语课堂小组互动策略培训实验研究 [J]. 外语教学与研究, 2011 (1): 86-97, 161.

华侨大学　政治与公共管理学院

基于全程情景模拟的"招聘管理"课程教学模式改革初探

胡三嫚

摘　要：情景模拟教学法是通过设定一定的工作场景，由学生扮演不同的角色，通过开展相应的活动，使其体验到工作的情景和自己扮演的角色，进而获得相关知识和经验的实践性教学方法。将情景模拟教学理念引入高校人力资源管理专业课程教学，并创新性地提出基于全程情景模拟的"招聘管理"课程教学新模式，即不仅是将情景模拟教学理念突出运用于课程教学中的某个环节，而是从课程开始到结束全面设置为在公司人员招聘的模拟情景中展开，在理论教学全程都辅之以一系列相匹配的情景模拟实践活动，以此来更好地促进学生将理论知识学习融入具体实践需求情景，激发学生的专业理论学习热情，培养其做好企业招聘工作所需的各种能力，从而极大提升专业人才培养的实效。

关键词：情景模拟法；教学模式；招聘管理；人力资源管理

一、问题提出

优秀人才是保障企业成功与赢得持续竞争力的关键，招聘是企业揽才引智的主要途径，因而现代企业人力资源管理中的招聘职能一直广受实务领域关注。作为一门对企业招聘管理理论与实践进行系统总结的课程，"招聘管理"（又称"招聘与录用"）一直以来都是高校人力资源管理专业的核心专业课程。然而，对于这样一门偏实践性的专业课程，现有专业教材内容理论化倾向严重，教师也因而过于偏重理论知识讲授，所增加的案例研讨和角色扮演等教学活动虽能一定程度上推动学生理论知识向实践能力转化，但实质上仍难以保证学生全面掌握招聘管理工作的实务技巧并提升专业综合能力。

随着人们对现代教育规律和方法认识的逐渐深入，传统以教师为中心的理论教学模式受到质疑[1]，而以情景模拟教学等为代表的新教学模式的提出为教学实践改革提供明确方向和策略。情景模拟教学法是通过设定一定的工作场景，由学生扮演不同的角色，通过开展相应的活动，使其体验到工作的情景和自己扮演的角色，进而获得相关知识和经验的实践性教学方法[2]。研究表明，相较于传统教学，情景模拟教学不仅显著提升学生的学习兴趣，增强其对专业知识和技能的掌握程度，在情景模拟演练的过程中他们的能力（诸如组织策划、团队合作和解决问题等方面）也能得到有效提升[3]。然而，截至目前，情景模拟教学法的应用实践主要集中在医学教育与医学边缘学科等领域[4]，在工商管理类学科领域专业基础课"人力资源管理概论"中一些教师也有引入情景模拟教学法做一些尝试[2,5]，但对于人力资源管理专业更具实践性的核心专业课程"招聘管理"而言，还鲜有教师引入情景模拟方法进行课程教学改革的实践探索。同时，现有的情景模拟教学多以单一问题情境进行模拟设计和组织，而未能根据实践领域相关管理工作的有机联系进行系统性的情景模拟和问题导向设计，最终使得情景模拟教学的效果碎片化和虚拟化。

基于以上问题分析，首次提出在高校人力资源管理专业"招聘管理"课程中引入全程化情景模拟教学模式，即不仅是将情景模拟教学理念突出运用于课程教学中的某个环节（比如讲到人才甄选重要方法——面试法时才让学生分组尝试进行结构化面试模拟实践等），而是从课程开始到结束全面设置为在公司人员招聘的模拟情景中展开，理论教学过程全程都辅之以一系列的情景模拟实践活动，以此更好地促进学生将理论知识学习融入具体实践需求情景，激发学生的专业理论学习热情，并培养其做好企业招聘工作所需的相应能力（组织策划能力、文案处理能力、人际沟通能力、团队合作能力、抗压能力、创新能力等），最终实现让学生学习完这门课程即能够达到企业招聘专员职位的岗位要求，并能够较好地胜任该职位的现实目标，极大地提升专业人才培养的实效。

二、基于全程情景模拟的"招聘管理"课程设计

（一）课程目标设计

基于情景模拟教学法理论指导，并结合前期与团队成员研讨、对本专业学生和已毕业学生的访谈等所收集的信息，提炼"招聘管理"课程的实际需求，形成如下三方面课程教学目标：（1）通过教师的课堂理论讲授使学生了解企业招聘管理流程，掌握人员招募、甄选、录用和评估等相关理论知识；（2）通过基于全程情景模拟思想设计的一系列课程实践演练活动使学生能够辨别和有针对性地应用主流的人员甄选和录用方法及技术，并提升相关专业能力；（3）通过基于全程情景模拟思想而进行的招聘评估活动使学生理解招聘评估的目的和指标，并能应用于分析和评估前期一系列课程招聘模拟实践的成效。

（二）课程大纲设计

完整的企业招聘管理活动一般由人员招募、甄选、录用和评估四大环节有机构成。因此，"招聘管理"课程的结构和内容安排在引入第一章绪论以

后也按照这个逻辑顺序展开。每一模块具体课程内容、教学方法、学时（共36学时）等设计情况如表1所示，其中标星号的为教学的重难点内容。由表1可见，在课程绪论部分向学生导入模拟招聘企业和职位相关信息之后，在整个招聘管理流程的每一重要环节教学中教师都采用了情景模拟法。

表1 基于全程情景模拟"招聘管理"课程大纲设计

课程结构	课程内容	学时安排	教学方式
绪论	招聘管理概念 招聘管理准备	2学时	讲授法、小组分组和风采展示
	招聘管理流程 招聘管理影响因素 招聘管理作用	1学时	讲授法、案例分析法
	招聘模拟情景导入	1学时	情景模拟法（模拟招聘企业和岗位相关信息导入与问题提出）
人员招募	招聘计划拟定	2学时	讲授法、案例分析法
	*招募渠道建设	2学时	情景模拟法（校园招募海报设计汇报）
	*简历筛选	2学时	情景模拟法（简历提交、筛选与点评）
	电话筛选	2学时	情景模拟法（电话初筛与邀约）
人员甄选	*人员甄选理论	4学时	讲授法、案例分析法、视频观摩
	笔试法	2学时	情景模拟法（笔试模拟与分析）、讲授法
	*面试法	6学时	情景模拟法（结构化面试实践）、讲授法
	心理测验法	2学时	情景模拟法（心理测试）、讲授法
	*评价中心法	4学时	情景模拟法（无领导小组讨论等）、案例分析法、讲授法
人员录用	*背景信息调查 体检	2学时	情景模拟法（候选者学历、工作和实习经历等的背景信息调查）、讲授法、案例分析法、视频观摩
	*劳动合同签订 新员工上岗引导	2学时	讲授法、案例分析法、视频观摩
人员评估	招聘评估目的 *招聘评估指标 *评估报告撰写	2学时	情景模拟法（招聘评估报告撰写）

（三）课程评价设计

作为一门高校人力资源管理专业的必修课程，现有的教学计划规定修读该课程的学生必须要参加期末闭卷考试，而且课程平时成绩和期末成绩的比例也一般不超过4:6。那么，怎样在现有的课程评价框架下更好地激励学生参与一系列课程模拟实践并客观评价课程学习的收获呢？本文提出如下课程评价思路，即除了对教学大纲中所要求的基本理论知识考核之外，总体上还是加大对学生参与各项课程模拟活动投入度和参与质量的考察，并且把这一思想也有机地融入到期末卷面的考评之中。同时，在课程导入环节即将课程的评价思路和方式告知学生，从而激励他们重视课程理论学习和课程模拟实践。具体而言，平时成绩确定主要由对学生出勤状况、课上回答问题、小组讨论、课程模拟实践等几方面考察构成，而期末考试卷面除了采用"填空题""判断改错题""单项选择题""多项选择题""名词解释题""简答题"等传统题型来考察核心理论知识点之外，还设置相当多的创新型题型（例如"笔试计算题""材料分析题""课程实践反思题"等）来综合考察学生平时参与课程模拟实践的质量。

三、基于全程情景模拟的"招聘管理"课程实施

下文详细阐述基于全程情景模拟的"招聘管理"课程设计方案在华侨大学工商管理学院人力资源管理专业2018级学生中的具体实施情况。

（一）基于全程情景模拟的"招聘管理"课程模拟背景设置

"招聘管理"这门课程面向的是人力资源管理专业大三上学期的专业学生，他们中相当多的人已经积累较为丰富的参与班级管理、学生社团活

动、科创比赛以及（利用寒暑假时间进行的）校外实习实践经验，但与企业招聘相关岗位（例如高级招聘专员、招聘主管、招聘经理等）任职资格中的学历、工作经验要求还存在一定差距，而和招聘管理领域的基础职位——招聘专员的要求比较贴近。同时，和校区所在地泉州最临近的知名经济特区厦门市一直对本专业毕业生就业地选择具有较大吸引力。基于以上分析，在开课前一天，任课教师登陆知名的人才招聘网站"前程无忧"输入工作地点"厦门"、输入求职职位"招聘专员"查找最新的企业招聘信息，最终选择该年度"招聘管理"课程全程情景模拟的对象为厦门 LB 房地产经纪有限公司及其招聘专员职位。该公司对招聘专员的职位描述如下表 2 所示。由该表可见，通过"招聘管理"课程的学习，本专业应届毕业生应该能够有资格应征该职位。

表 2　课程模拟职位——厦门 LB 房地产经纪有限公司招聘专员的岗位职责和任职资格

岗位职责	任职资格
1.1 协助招聘主管完善招聘体系； 1.2 根据公司战略目标、部门人才需求计划以及发展情况制定企业人才招聘计划； 1.3 负责招聘信息的起草和招聘广告的发布工作； 1.4 进行应聘人员的简历甄别、筛选、电话邀约、初试等相关工作； 1.5 负责应聘人员资料库的建立和维护工作； 1.6 负责办理人才录用的相关手续等工作； 1.7 寻求与人才市场、招聘机构的合作，并与其保持良好的合作关系。	2.1 人力资源、劳动与社会保障、劳动关系相关专业统招本科（含）以上学历； 2.2 具有 1 年以上招聘相关工作经验； 2.3 具备招聘方面的专业知识，熟知招聘工作流程以及招聘渠道，熟悉国家关于劳动合同、人力资源管理方面的法律法规； 2.4 具备良好的沟通交流能力； 2.5 具有亲和力，能妥善安排应聘面试工作； 2.6 工作认真、负责、善于学习。

（二）基于全程情景模拟的"招聘管理"课程具体实施方案

总体而言，该课程教学由两条主线展开，一条是理论知识学习线，由

表1可见，它由传统的讲授法、案例分析法、小组讨论法以及视频观摩法等来实现，这也是以往"招聘管理"教材和授课所强调的重点；另一条主线则是本文所提出的基于全程情景模拟的一系列课程模拟实践活动的开展。前者为后者奠定良好的理论基础，而后者则为前者的应用打下坚实的实践经验基础，两者相辅相成，将共同促进学生课程学习收益的效果最大化。因为本文阐述的重点在于后者，因此下文主要详述在具体实施中基于全程情景模拟的"招聘管理"课程实践的实施情况。

具体而言：（1）在绪论学习环节，任课教师将以上厦门LB公司招聘专员职位的招聘启事信息发送给学生并要求学生进入模拟角色——积极应征该职位的求职者，并利用两周时间准备一份求职简历，再提交给任课教师，以便于其对合格简历进行初步筛选；（2）在人员招募学习环节，首先选择学生相对熟悉的校园招募渠道进行实践，要求学生以小组形式模拟设计和汇报厦门LB公司的校园招聘海报。其次，大量求职简历的获取是前期不同招募渠道运用的阶段性工作成果，但是遇到大量注水、过度美化甚至虚假的简历也难以避免。如何从海量的人才简历中筛选出企业所需要的人才是企业招聘人员所必须具备的重要技能。因此，任课教师将随机挑选三组学生对15份（教师前期筛选出的班级学生中较为典型的）LB公司招聘专员的求职简历进行现场筛选并分享筛选标准，最终教师结合这些经验素材引入简历筛选相关理论知识。随后，教师随机挑选一组模拟招聘人员与三位通过简历初筛的候选者进行现场电话筛选与邀约的情景模拟；（3）在人员甄选学习环节，首先让学生参与一次答题时间设置为1学时的招聘专员笔试考试。此次笔试模拟考试的目的有两点：第一是作为后续第一种人员甄选方法笔试法学习的基础，教师会将所有学生笔试题目和总分的成绩录入SPSS软件，并演示如何分析笔试题目的性能指标（例如难度、区分度等）；第二是作为后续结构化面试实践分组的依据，设定每班笔试成绩排名前 24 名的学生通过笔试，将他们分为 6 组（每组 4 人），作为应征 LB 公司招聘专员职位的求职者参与后续的面试选拔，剩下的学生也分为 6 组，作为面试考官（组）来组织后续的结构化面试实践。其次，分别利用 2 学时的时间来进行模拟结构化面试实践和总结分享。再次，让 6 位通过结构化面试的求职候选者现场进行有关"成就动机"主题的投射式心理测试以及有关人员甄选和录用主题的无领导小组讨论选拔；(4) 在人员录用学习环节，让学生对以上经过简历筛选、笔试、结构化面试、心理测试和评价中心筛选而推选出两位最终候选者进行模拟背景信息的调查。最终胜出的求职者也将作为本课程模拟实践的胜出者获得平时成绩满分和任课教师神秘礼物的奖励；(5) 在人员评估学习环节，不仅让每个模拟招聘考官小组撰写、提交一份招聘评估报告，还要求模拟求职者的 24 位学生也撰写并提交一份个人招聘评估分析报告。

（三）基于全程情景模拟的"招聘管理"课程考核方案

图 1 整理了该学期"招聘管理"课程的考核方案，主要由平时考核和期末考核两大项构成，两者比例分配为 4∶6。其中平时考核兼顾到学生出勤考核、个人任务考核和团队任务考核，期末考核主要是 2 个小时的闭卷书面考试。图中星号标识的部分都与课程模拟实践相关，由此可见对该门课程的考核也充分体现全程情景模拟思想的渗透。

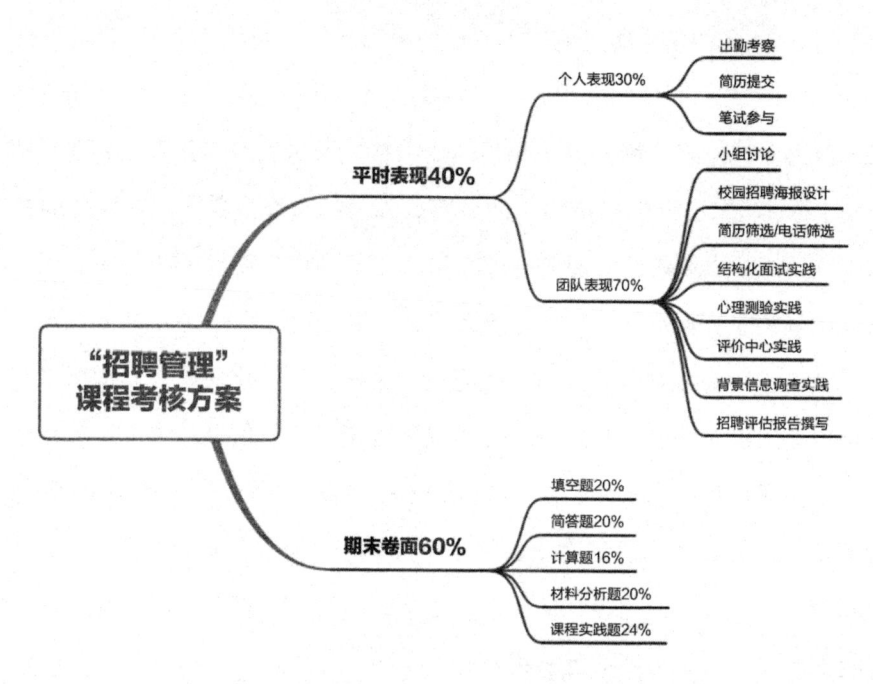

图 1 基于全程情景模拟的"招聘管理"课程考核方案

四、总结与反思

为了弥合"招聘管理"这门课程以往教学重点的理论性过强与企业招聘管理活动的实务需求之间的巨大鸿沟，结合情景模拟法教学模式的优点，尝试进行基于全程情景模拟法的"招聘管理"课程教学模式改革。课程实施后对专业学生课程学习的反馈访谈反映出学生普遍对这一新的课程教学模式极大认可。他们表示，学习兴趣能够被充分调动，通过参与和理论学习相匹配的、精心设计的全程情景模拟实践活动，不仅深化了对理论知识的理解和掌握，还充分锻炼与提升了与招聘管理实务领域相关的综合能力与素质。

课程设计与实施中还存在如下两方面不足，有待未来进一步改革研究以完善课程教学模式：（1）参照经典的培训效果评估的柯氏四级评估模型[6]，上课后对学生的课程反馈访谈以及对学生"招聘管理"课程的考核方案只是分别涉及课程教学/培训效果的"反应层"和"学习层"，学生学习以后是否在招聘管理实践的"行为层"和"结果层"有实际改善尚待后续研究深入考察。同时，从研究方法而言，除了访谈法、问卷调查法等，未来研究还可以采用实验法，设置对照组（即一个班级采用传统理论教学模式，另一个班采用全程情景模拟的课程教学模式），量化比较全程情景模拟的"招聘管理"课程教学模式与传统理论教学模式教学效果的真实差异情况；（2）从评估人员角度而言，虽然现有课程设计方案在设计之前有参考专业学生、毕业学生以及理论和实务方面的专家所提出的相关意见，但是在最终的课程评估中却忽视了这些重要人员对于课程实施效果的反馈，从而不利于对课程的实际效果做出更为全面和客观的评价。因此，未来课程的进一步优化设计与实施中不仅需要设置更多元的课程评价指标，也还需要注意收集不同评估来源的反馈信息。

参考文献

[1] 李刚. 以学生为中心的"人力资源管理"教学模式改革［J］. 教育与职业，2014（17）：154 - 155.

[2] 王东毅. 人力资源管理课程教学中的情景模拟法探索［J］. 知识经济，2010（20）：120 - 125.

[3] 薛玉华. 谈情景模拟教学法在公共关系课堂教学中的实施与功效［J］. 教育与职业，2013（3）：143 - 144.

[4] 王水珍. 情境模拟教学法：研究特点及未来展望［J］. 教师教育论坛，2017（11）：74 - 94.

[5] 杨延娇. 人力资源管理教学中情景模拟教学模式的构建及应用

[J]. 黑龙江教育（高教研究与评估），2010（5）：91-92.

[6] 石金涛，唐宁玉，顾琴轩. 培训与开发（第三版）[M]. 北京：中国人民大学出版社，2013：146-153.

华侨大学　工商管理学院

"互联网+"时代下高校电商创业人才培养研究[①]

周碧华[1]　魏博茜[2]　荆亚璟[3]　谭子恒[4]

摘　要： 在梳理国内外文献基础上分析电商创业的基本条件和创业成功标准，提出人才培养体系对电商创业成功的影响假设。通过209份问卷调查的数据分析，发现人才培养渠道是电商创业成功的重要助力、创新因素仍然是电商创业成功的重要因素、对于有电商创业意愿的人的人才培养体系构建空间大、创业精神和教育环境是影响大学生创业成功的最重要因素。从健全课程体系、改革教学方法，改进分类指导、实现特色帮扶，强化实践教育、树立示范典型三方面提出对策建议。

关键词： "互联网+"；电商创业；人才培养

一、引言

随着我国高等教育规模的不断扩大，大学毕业生开始出现就业难的问

[①] 基金项目：福建省本科高校教育教学改革研究项目（FBJG20170158），华侨大学创新创业教育改革项目（612-50319020）。

题。大众创业、万众创新是新形势下扩大就业的新引擎，创业活动已经成为经济持续发展、社会保持稳定的强大动力。近年来，国家和政府也高度关注大学生就业和创业，鼓励高校大学生自主创业，希望能够为就业开辟新的方式和途径，缓和当前严峻的就业形势。一直以来，泉州都是创业的热土，创业热情持续不减，尤其是电子商务在近些年得到飞速发展。但电子商务快速发展的大环境与人才供给现状存在明显的不匹配，电商企业急需专业人才，在校学生对电商企业发展环境了解甚微。在"互联网+"背景下，探索沟通校企需求，增加针对性指导服务的高校电商创业人才培养模式显得尤为重要。改革电商创业人才培养模式，解剖麻雀，典型示范，形成可复制可推广的制度成果，可以有效推进高等学校创新创业教育改革，促进高校毕业生更高质量的创业就业，实现社会经济发展与创业就业需求紧密对接，服务国家现代化建设。

二、研究假设与数据采集

（一）研究假设

创业教育相关研究认为，大学生创业是大学生将创业教育所提供的知识、技能应用于创业实践活动的过程，可见创业教育对创业成功的重要性。高校创新创业教育的投入产出关系的研究指出，创业课程的形式、质量等与学生的创业技能、创业效果相关[1]。Din等（2016）的研究指出，马来西亚大学创业教育项目的创业课程对提升学生的创业技能有效[2]；Abduh等（2012）的研究发现印度尼西亚明古鲁大学的创业教育中，体验教学活动效果最好，理论方法的教学成效则一般[3]。张伟珊等（2019）通过对高职院校大学生的调查研究发现，在创新创业人才培养过程中将"互联网+"与科普、专业技能和众创空间等深度融合对于人才培养成效显著。本课题将基于相关研究分析电商创业人才培养模式对创业成功的影响[1]。

课题组采用 Korunka 等（2003）提出的 4 个客观标准和两个主观标准对创业成功进行定义[8]，具体构建出创业成功标准指标体系（如表 1 所示）。

表 1 创业成功标准指标构建表

主维度	子维度	指标
创业成功	客观成功	企业是否生存两年以上
		企业是否是该企业的主要职业
		企业是否是建立者的第一个企业
		企业启动后员工数量变化
	主观成功	创业者对自己企业未来的评价
		创业者是否认为企业成功与否

在阅读大量研究电商创业文献和相关资料的过程中，总结归纳了人才培养体系可以考察的几个方面，以及城乡青年在进行电商创业时所要具备的基本条件，具体构建了电商创业基本条件指标表（如表 2、表 3 所示）。

表2 电商创业的基本条件

主维度	子维度	指标
电商创业的基本条件	政策	税收
		资金
		专项计划
		技能培训
		公共服务平台
		场地支持
		其他
	资金	来源
		充裕程度
	技术	优化
		水平
	物流	运作
		环境

表3 人才培养体系

维度	指标
人才培养渠道	电商创业交流会
	电商创业基地
	网络媒体
	创业培训班
	电商专业知识宣讲会
	电商辅助知识技能宣讲会
	创新思维和创业人格培养宣讲会

基于以上研究工作提出下列假设：

假设1：参加人才培养体系的频率对电商创业成功有正向影响。

假设1a：参加电商创业交流会的频率对电商创业成功有正向影响；

假设 1b：参加电商创业基地参观的频率对电商创业成功有正向影响；

假设 1c：通过网络媒体学习电商创业知识的频率对电商创业成功有正向影响；

假设 1d：参加创业培训班的频率对电商创业成功有正向影响；

假设 1e：参加电商专业知识宣讲会的频率对电商创业成功有正向影响；

假设 1f：参加电商辅助知识技能宣讲会的频率对电商创业成功有正向影响；

假设 1g：参加创新思维和创业人格培养宣讲会的频率对电商创业成功有正向影响。

（二）研究方法和数据情况

通过发放问卷和访谈了解电商创业现状及影响电商创业成功的因素，对若干有创业意愿的大学生和正在电商创业的青年进行问卷调查，样本选取在泉州下设的九个县市区以及华侨大学、泉州师范学院等 7 所高校中有创业意愿的在校大学生。有创业意愿大学生共发放问卷 250 份，正在电商创业的青年共发放问卷 300 份，回收 209 份大学生问卷和 267 份正在创业的青年问卷，有效回收率分别为 83.6% 和 89%。在访谈调查方面，项目组分别在丰泽区、鲤城区、安溪县等 7 个实地调研的区域，选择了安溪弘桥智谷、晋江洪山文创园等多个典型电商创业园区，以及服装、鞋帽、食品等不同领域若干电商创业成功的创业者进行面对面访谈。在对数据资料的整理分析上，项目组运用 SPSS17.0 统计软件及 stata12.0 分析软件对问卷数据进行统计分析；运用比较分析法对个案访谈的资料进行整理分析。

调查对象选取的分类全面、比例平均合理。

对大学生的调查，在性别比上，男生 37.8%，女生 62.2%，女生占比例比较多；在年龄构成上，18—22 岁占 91.9%，23—30 岁占 5.3%，31—40 岁占 1.9%，40 岁以上占 1%；在家庭所在地分配上，城市占 28.2%，乡村占 71.8%。

对正在电商创业的成功的城乡青年，性别比例上，男性占 65.2%，女性占 34.8%；年龄构成上，18—22 岁占 29.6%，23—30 岁占 45.3%，31—40 岁占 20.2%，40 岁以上占 4.9%；家庭所在地分配上，城市占 29.2%，乡村占 70.8%。

三、研究结果分析

（一）因子分析结果

课题组把创业成功当成因变量，根据 Korunka 等（2003）四个客观标准和 2 个主观标准来定义"成功"[8]，将创办时间、员工数量变化、企业家主观感受、企业家对未来发展态度以及对生活状况评价作为其衡量指标。

根据表 4 数据，KMO 数值是 0.789，巴特利球体检验的统计值的概率是 0.000，小于 1%，说明数据具有显著相关性，可知原有变量适合做因子分析。

表 4　巴特利特球度检验和 KMO 值检验

取样足够度的 Kaiser–Meyer–Olkin 度量		.789
Bartlett 的球形度检验	近似卡方	104.361
	df	15
	Sig.	.000

采用主成分分析法对因变量进行分析，提取因子过程中发现，经过正交旋转后提取的第一个因子的特征值为 1.413，解释原有 6 个变量总方差的 43.55%，第二个特征值为 1.371，解释原有 5 个变量总方差的 39.84%，累积方差贡献率为 83.39%，见表 5。

表5　因子解释原有变量总方差的情况

变量	Variance	Difference	Proportion	Cumulative
因子1	1.41283	0.04216	0.4355	0.4355
因子2	1.37067	0.22495	0.3984	0.8339

表6　因子负荷矩阵

变量	因子1	因子2
企业创办年限	0.58770	-0.04089
员工数量变化	-0.24261	0.17547
成本回收周期	0.47099	0.06746
企业当前状态	-0.14512	0.63432
企业未来发展	0.23056	0.53221
生活影响程度	0.12342	-0.12262

由表6的因子负荷矩阵可知：第一个因子在企业创办年限、成本回收周期、生活影响程度这几个载荷系数较大，主要解释了这几个变量，可以把这个因子命名为"企业盈利"。第二个因子在员工数量变化、企业当前状态、企业未来发展这几个载荷系数较大，可以把这个因子命名为"企业动态状况"。

表7　因子得分系数矩阵

变量	因子1	因子2
企业创办年限	0.8219	-0.0354
员工数量变化	-0.3968	0.2926
成本回收周期	0.6574	0.1125
企业当前状态	-0.1755	0.8510
企业未来发展	0.3353	0.7370
生活影响程度	0.0675	-0.0619

从表7的因子得分系数矩阵可以得出因子综合得分函数：

Y1 = 0.8219 企业创办年限 − 0.3968 员工数量 + 0.6574 成本回收 − 0.1755 企业当前状态 + 0.3353 企业未来发展 + 0.0675 生活影响程度；

Y2 = − 0.0354 企业创办年限 + 0.2926 员工数量 + 0.1125 回收 + 0.8510 企业当前状态 + 0.7370 企业未来发展 − 0.0619 生活影响程度。

（二）回归分析结果

我们以企业盈利、企业动态状况这2个因子作为因变量，在控制了资金基础条件、技术基础条件、物流基础条件等因素，以人才培养体系的8个渠道分别为自变量建立分析模型。为了更好地解释模型，采用分步回归的方式进行分析。

从基于因子1的多元线性回归结果（表8）可以看出：

1. 基于因子1的多元线性回归结果中的八个回归模型都可通过F检验，且显著性水平稳定在95%；

2. 作为解释变量的人才培养的七个渠道和作为控制变量的资金、技术、物流能对创业成功的客观条件进行解释，且较为显著；

3. 创新思维宣讲会对于创业成功的影响最大，另外电商创业培训班和专业知识宣讲会次之。

从基于因子2的多元线性回归结果（表9）可以看出：

1. 分步回归模型2的八个回归模型都可通过F检验，且显著性水平稳定在99%；

2. 作为解释变量的人才培养的七个渠道和作为控制变量的资金、技术能对创业成功的客观条件进行解释，且十分显著；

3. 在创业成功的主观认知的解释上，电商创业交流会、自学电商创业知识、创新思维和创业人格培训宣讲会的贡献量较大。

因此，研究假设 1a-1g 得到验证。

表8　基于因子1的多元线性回归结果

电商创业成功		回归1	回归2	回归3	回归4	回归5	回归6	回归7	回归8
解释变量	电商创业交流会		.045**						
	参观企业和基地			.033**					
	自学电商创业知识				.044**				
	电商创业培训班					.057**			
	专业知识宣讲会						.054**		
	辅助知识宣讲会							.029**	
	创新思维和创业培养宣讲会								.071**
控制变量	资金基础条件	.151**	.144**	.146**	.148**	.150**	.152**	.142**	.143**
	技术基础条件	.047	.042	.041	.042	.043	.061	.069	.049
	物流基础条件	.076	.072	.074	.073	.070	.072	.069	.071
	F	3.8**	2.98**	2.91**	2.96**	3.05**	3.00**	2.89**	3.14**
	常数项	0.502**	0.616**	0.590**	0.613**	0.592**	0.653**	0.593**	0.684**
	R square	0.041	0.044	0.043	0.043	0.041	0.044	0.043	0.046
	N	267	267	267	267	267	267	267	267

***$p<0.01$，**$p<0.05$，*$p<0.1$。

表9　基于因子2的多元线性回归结果

电商创业成功		回归1	回归2	回归3	回归4	回归5	回归6	回归7	回归8
解释变量	电商创业交流会		.329***						
	参观企业和基地			.219***					
	自学电商创业知识				.314***				
	电商创业培训班					.232***			
	专业知识宣讲会						.212***		
	辅助知识宣讲会							.195***	
	创新思维和创业培养宣讲会								.246***

续表

	电商创业成功	回归1	回归2	回归3	回归4	回归5	回归6	回归7	回归8
控制变量	资金基础条件	.268***	3.89***	3.99***	4.42***	4.22***	4.19***	4.09***	.228***
	技术基础条件	.226***	3.46***	3.05***	3.44***	3.47***	3.62***	3.52***	.176***
	物流基础条件	−.008	−0.033	−0.032	−0.021	−0.025	−0.064	−0.054	−.007
	F	15.86***	23.26***	21.92***	14.98***	15.10***	15.10***	16.46***	16.78***
	常数项	−.893***	−1.717***	−1.717***	−1.381***	−1.418***	−1.568***	−1.560***	−1.525***
	R square	0.153	0.262	0.251	0.186	0.187	0.200	0.201	0.204
	N	267	267	267	267	267	267	267	267

*** $p<0.01$，** $p<0.05$，* $p<0.1$。

四、结论与建议

（一）结论

1. 人才培养渠道是电商创业成功的重要助力

电商创业交流会、通过网络媒体学习电商创业知识、参加电商专业知识宣讲会、参加电商辅助知识技能宣讲会、参加有助于创新思维和创业人格培养宣讲会几种人才培养渠道对于电商创业成功有较好的帮助，而对于实地参观电商企业或创业基地，参加电商创业培训班两种培养渠道对于电商创业能否成功的影响相对较小。访谈中发现产生这种现象的原因在于电商创业的独特性，电商创业是线上交易，对于店面、基地的要求较低，往往一个仓库便可以解决，这种情况下，是否参观创业基地的意义便不太明显；而对于参加电商创业培训班，当前大多数电商创业对于技术要求并不高，大多数创业者也比较倾向于在创业过程中积累经验，这就导致他们对于参加培训班的意愿并不强烈。

2. 创新因素仍然是电商创业成功的重要因素

创新思维和创业人格的宣讲会对于电商创业成功的影响较大，访谈中也发现，很多已经在电商创业的创业者对于企业未来的发展规划都会提到创新，从产品、销售渠道、推广方式等多个方面进行创新，而在对有电商创业意愿的人群调查中也发现他们也多数认为创新因素非常重要，但他们的创新能力仍然有待提升。在对成功电商创业者访谈调查中，电商创业者普遍认为设计创意非常重要，除了产品开发，在公司管理上也需要电商创业者的创新。电商创业者对哲学表现出浓厚兴趣，认为哲学能有效提升创新能力，是创业者必须具备的素质。由此可见，完善电商创业的人才培养体系中，必须把培养和提高创业者的创新思维和创新能力作为一个重点。

3. 对于有电商创业意愿的人的人才培养体系构建空间大

从与电商创业的创业者的访谈中了解到，资金对于电商创业能否成功的影响非常大，而在对有电商创业意愿的人的调查中，发现他们对于资金的准备多数还是自筹为主，而对于政府现有的一些创业扶持资金项目则不甚了解。另外，电商创业平台作为电商创业者的孵化地的重要性不言而喻，而有电商创业意愿的人对于电商创业平台仍然只停留在天猫、淘宝、京东、亚马逊，而对于其他创业平台则知之甚少，而这类的创业平台往往可以提供更有针对性的支持。此外，大多数有电商创业意愿的人对于参加电商创业交流会、电商创业培训班、电商创业知识宣讲会等人才培养渠道则不怎么热衷。

4. 创业精神和教育环境是影响大学生创业成功的最重要因素

从调查结果来看，融资环境、政策环境、市场环境等都会影响创业成功。但创业者是否具有创业精神和良好的教育环境是影响其创业成功的主要因素。从调查结果来看，创业精神和教育环境对于创业者创业成功的影响至关重要甚至起关键作用。从访谈中可以得知，随着时代的发展，众筹等模式的出现也让创业者有了更好的筹集资金、人力等途径，所以更为关键的因素就在于创业者本身的实力，是否接受过较好的创新创业教育以及是否具备较好的创业者精神就成为影响其创业成功的关键性因素。

（二）建议

1. 健全课程体系，改革教学方法

（1）完善人才培养方案，课程纳入学分管理

根据电商创业所需技能开设课程，做好课程学分和目标分解设置[4]。针对研究方法、创业基础等开设必修课，针对电商创业的技术门槛、平台维护等开设选修课，学生可以根据自身需求选择所修课程，修满学分即可。同时，严把课程内容关，内容应依次递进，分阶段满足不同程度创业者的需求。

（2）创新课程教学方法，提供开放学习平台

重视线上线下课程的开发，为非电商专业学生提供学习的平台和渠道。线下教学要对教学手段和考核方式进行改进加强[5]，重视启发式、参与式和讨论式教学，改革考试内容和方式。教师要将创新创业意识融入到实践教学当中，实践教学的环节培养学生的规范意识、实践教学内容培养学生科学精神、实践教学知识的应用和检验培养学生服务社会需求的能力；线上要形成一批优质的电商创业指导的网络课程。

2. 改进分类指导，实现特色帮扶

（1）创新服务平台，提供创业指导

对不同学科、专业的学生进行区别性的指导帮扶，实现分类帮扶；对于不同创业发展层次和阶段的学生进行区别对待，针对性满足其需求，实

现分层次、分阶段帮扶。如可以通过生涯教育、生涯团辅、生涯咨询、生涯电台、生涯微信公众号等多种方法和载体，进行创新创业的指导。

（2）创建导师资源库，实行校内外双导师制度

双导师制度指一位是校内电商创业相关的理论课教师，一位是校外有电商创业实战经验的企业家。结合自愿和学院推荐的原则，对校内教师进行初步推荐筛选，与校外电商创业的企业家共同组建高校电商创业指导帮扶的导师资源库。对于有电商创业意愿的学生可进行帮扶导师的申请，符合申请条件的学生给予双导师配套指导帮扶。

3. 强化实践教育，树立示范典型

（1）加强"校企地"合作，实现优势资源对接

鼓励电商创业企业与高校定向联合培养，建立"官产学研"相结合的运作机制，使创业项目与学术研究相对接，实现优势互补[6]。协同深度校企合作，组建帮扶企业资源库，立足福建，将优秀企业纳入高校帮扶企业资源库。深度协调校企合作，学校利用寒暑假或毕业实习机会将学生输入企业实习，让学生在实际工作中了解企业运作。同时，在帮扶企业资源库的企业要定期走进校园，通过讲座、沙龙等形式为学生分享创业经验和心得，引导高校学生识别创业机会、捕捉创业商机[9]。

（2）参加创业比赛，促进成果转化

鼓励学生参加大学生创新创业大赛等科技创新竞赛，将参赛表现纳入评奖评优的评分参考当中[7]。同时，要重视参赛项目的落地转化问题，校方积极搭建平台推进项目的落地，充分发挥双导师制度和企业资源库的指导帮扶作用[10]。建议建立以专业实验研究促进科创项目转化、以科创竞赛革新实验研究思路的良性循环模式，实现实践育人要素的深度融合，推动技术技能人才培养和应用技术创新。建立创业项目跟踪服务机制，安排创业导师对大学生创新创业项目进行"一对一"跟踪指导。鼓励高校教师与

学生共同参与创新研发、共同创业，促进科技产品研发与科技成果转化。

参考文献

［1］张伟珊，李卓运，郭锡泉. 高职院校"互联网＋"创新创业人才培养的实证研究—基于粤北山区4所大学的抽样分析［J］. 科技管理研究，2019（9）：140－147.

［2］Din, B. H., Anuar, A. R., & Usman, M.. The Effectiveness of the Entrepreneurship Education Program in Upgrading Entrepreneurial Skills among Public University Students［J］. Procedia – Social and Behavioral Sciences，2016（224）：117—123.

［3］Abduh, M., Maritz, A., & Rushworth, S.. An Evaluation of Entrepreneurship Education in Indonesia: a case study of Bengkulu University［J］. The International Journal of Organizational Innovation，2012，4（4）：42－43.

［4］陈德人. 创新创业型交叉学科专业的知识化探索与社会化实践——电子商务专业人才培养及其规范性研究［J］. 中国大学教学，2010（1）：43－45.

［5］胡婷婷，张文秀. 高校转型发展视角下的电子商务人才培养模式创新［J］. 教育与职业，2016（18）：101－102.

［6］许靖，祝维亮. 面向农村的高职电商人才"三育人模式"探索与实践——以江西工程职业学院电商专业为例［J］. 职教论坛，2019（7）：137－141.

［7］曾强，蔡晓艳，Zeng Qiang，等. 基于"学生智造"电商平台实现创意创新设计人才孵化的研究与实践［J］. 装饰，2014（8）：76－77.

［8］Korunka C，Frank H，Lueger M，et al. The Entrepreneurial Personality in the Context of Resources, Environment, and the Startup Process—A Configurational Approach [J]. Entrepreneurship Theory & Practice, 2010, 28 (1): 23-42.

[9] 吴彬瑛, 胡金凤, 倪峰. 创业教育内容及施教主体对大学生创业意愿的影响研究. 教育学术月刊, 2016 (12): 86-91.

[10] 胡玲, 杨博. 高校创新创业教育效果的影响因素研究—基于 2016—2018 年我国 150 所创新创业典型经验高校的数据. 华东师范大学学报（教育科学版）, 2020 (12): 64-75.

1. 华侨大学　政治与公共管理学院
2. 华侨大学　旅游学院
3. 华侨大学　实验室与设备管理处
4. 华侨大学　法学院

校企融合背景下
高校就业创业人才培养的优化路径[①]
——基于华侨大学职业拉力挑战训练营的调查研究

王静珊

摘　要：为帮助在校生更好地应对职场上所面临的挑战，依托大学生就业指导与创业教育课程，通过创新创业教育与实践实训教学的校企融合改革实践，发现高校和社会企业在人才培养目标、合作形式和合作效果等存在偏差。由此提出能够明晰双方目标、整合各方资源、打造品牌活动的职场拉力挑战赛作为优化人才培养路径的建议。

关键词：校企融合；就业创业；就业指导；人才培养

近年来，受高等教育规模扩大的影响，每年高校毕业生数量的增多，大学生就业难问题愈发明显。2019年，我国高等教育毛入学率已经越过50%，正式从"高等教育大众化"转变为"高等教育普及化"。受高等教育规模扩大的影响，每年高校毕业生数量的增多，大学生就业难问题愈发明显。习近平总书记在十九大报告中将就业问题确定为最大的民生问题，

[①] 基金项目：2019侨大学创新创业教育改革立项C类——创新创业教育与实践实训教学融合改革项目。

他强调，要提供全方位公共就业服务，促进高校毕业生等青年群体、农民工多渠道就业创业。破除妨碍劳动力、人才社会性流动的体制机制弊端，使人人都有通过辛勤劳动实现自身发展的机会。当前，"大众创业，万众创新"的浪潮与姿态正在国内席卷，而高校的教育理念也逐渐演化为"以就业为导向""创业带动就业"的前进方向。因此，在众创背景下，高校和社会企业之间的合作模式——校企融合顺应时代潮流，成为高等教育高水平发展的必由之路[1]。

一、校企融合背景下的创新创业实践

为具体了解华侨大学就业创业教育的现状以及学生对目前就业创业教育的看法，也为了帮助学生们更好地应对职场上所面临的挑战，作为大学生就业指导与创业教育课程、创新创业教育与实践实训教学融合的改革实践，2019年5月，政治与公共管理学院联合Scho（思酷）移动学习平台、厦门市生涯规划与发展协会、华图教育、恒大集团福建物业公司、泉州市法智星软件有限公司等社会企业和协会共同举办"职场拉力挑战训练营"，并对参与活动的华侨大学政治与公共管理学院2016级不同专业的学生进行了问卷调查，累积发放问卷85份，回收有效问卷76份。数据统计结果如下：

（一）学生对未来职业发展的规划

有63.16%的学生对自己未来的职业发展有了明确的规划，找到了自己的目标所在，与之对应，有36.84%的学生还没有规划好自己的未来的方向。而对于学校目前关于未来就业专题的课程，学生们表达了较为乐观的态度。超过40%的学生表示"很满意"，34.21%的学生认为"基本满意"，认为课程设置"一般"的学生仅占13.16%，而表示"基本不满意"

和"很不满意"的学生仅有10.53%和1.32%。实际上，对于即将步入大四的学生而言，仅有六成学生对未来有着明确规划，这个比例差强人意。大学前三年的职业生涯规划课程和就业创业指导课程并不能算作成功。

（二）学生对职场拉力挑战赛的评价

在所发出的问卷当中，有超过80%的学生对于职场拉力挑战赛这种新型的教学形式"很感兴趣"或"比较感兴趣"，仅有7名学生表示"比较不感兴趣"，没有"完全不感兴趣"的学生。而对于职场拉力挑战赛的环节设置，有超过一半的学生表示"很喜欢"，27.63%的学生"比较喜欢"，14.47%的学生表示"一般"，"比较不喜欢"的学生仅占6.58%，没有"完全不喜欢"的学生。这说明，职业拉力挑战赛在学生们心目中留下了比较不错的主观印象。

（三）学生对职业拉力挑战赛的收获

在职业拉力挑战赛的课程结束之后，有78.95%的学生对自己未来的职业规划有了新的认识和思考。同时，有82.89%的学生认为本次活动对职业知识的学习有很大的帮助。我院通过开展职业拉力挑战赛进行校企融合实践取得了初步的成效。

二、校企融合下人才培养的困境

何为校企融合？顾名思义，高校与企业相互融合，进而达成一种或多种人才培养的目的。在本文中，校企融合是指高校利用就业创业平台，与社会企业搭建合作共赢的融合平台，迎合时代需求，更新创新理念，整合信息资源，进而达成新时代下就业创业人才培养的目标。校企融合的就业创业教育，致力于提升大学生知行合一的素养，推动学生将知识转化为社会生产力,在促进国民经济、科学技术发展的同时,提高学生就业机会,最终解决"就业难"的社会问题。但在校企融合的发展中,笔者发现以下问题:

(一) 合作目标差异显著

在当前的校企双方合作中,双方所处的立场大相径庭。就高校而言,是站在学生的角度上,促进学生将专业知识学以致用,建立学生步入社会的前哨站,培养学生的社会经验,最终提高学生就业率,解决"就业难"的窘况,将可造之才转化为可用之才。而对企业而言,站在企业的立场上,利益才是根本的原动力,与高校合作不过是为了探索新的可行项目,发掘已经成型的可用之才,最终寻求商机和利润。因此,校企双方需重新定位,在新时代的就业创业背景下,重新磋商,调整合作思路,在互利互惠的基础上,将目标合二为一,将校企融合发展为就业创业人才培养的长效机制[2,3]。

(二) 合作流于形式,内容较为单一

校企合作的形式多种多样,例如学生竞赛、顶岗实习、共建创业园或创新培育基地等,但目前较为广泛的形式表现为学生去企业集中实习或企业在学校开办宣传讲座。部分高校虽然与企业共建就业创业基地,但企业也只是单纯地挂牌或签约而已,基地并未有实质性的成效,企业偶尔派人露个脸,基地的成立仿佛只是为了应付差事。对高校而言,一部分没有重视双方合作,校企融合并不在办学发展的主要目标清单中,甚至是开几场讲座,将学生送到企业进行没有讲解的参观,拍照打卡后皆大欢喜,并没有进一步合作的计划。另一部分则表现为热脸贴了冷屁股,学校积极为学生寻求企业合作,但企业应付工作的同时,学生也表现出较低的积极性,

对于所谓的培养模式并不感兴趣。这样形同虚设的合作不仅无法满足学生对于未来规划的好奇心和进取心，更是与人才培养模式背道而驰。学生不知道如何将理论结合实际进行操作，也不知道未来的社会需要什么样的人才，更不知道向什么方向努力。事实上，校企融合的人才培养模式是希望整合双方资源，学校从企业中获取市场需求信息、人才发展方向、社会管理经验等；企业从学校获得新兴技术理念和人才后备库[4]。

（三）合作效果不如人意，成效甚微

在目前的校企合作中，企业大多只是为在校大学生提供实习场所，没有真正投入精力和经费与高校深入探讨并建立长期有效的合作机制。企业在利益诉求的前提下，希望合作带来的是高质量的可用之才——招工。而高校为了自身的发展和招生宣传中的就业率，也只是追求与企业阶段性的合作——就业。在这样的合作基础上，合作的发展与校企融合的初衷南辕北辙。双方由于对校企融合本身的认识误差，导致在执行过程中产生偏差，带来差强人意的结果。因此，企业将投入更少的时间和精力，学校也可能转投下家。双方合作的积极性逐渐降低，无法真正达到校企融合，甚至导致这种人才培养模式宣告破产。

三、校企融合下人才培养模式的优化路径

（一）明晰育人理念，确定培养目标

2018年9月，习近平总书记在全国教育大会上强调"培养什么样的人"才是教育的根本问题。从目标出发，高校为解决"就业难"的社会问题，培养的就是适应社会经济发展的高质量人才。如何适应社会发展，则要从社会需求来看，即企业需要什么样的人才，高校则培养什么样的人

才。将校企双方的目标合二为一，形成合力。因此，校企双方需沉下心来，真正投入时间、精力和经费，建立长期合作机制，厘清合作目标，制定合作战略，企业陪伴学校，将可造之才发展为可用之才，学校紧靠企业，将可用之才输送到企业，既能达成学校育人目标，也能完成企业招工任务。

（二）整合各方资源，共建育人平台

将目标落地实施，是校企合作的关键所在。首先校企双方应改善就业创业指导类课程体系，切实提高学生实践能力。企业应根据社会实际需求，与学校制定培养计划，聚焦于大学生就业的实际需求和存在的问题，打造专属课程体系，确保学生能够学到并且用到，能够学会并且会用，从而杜绝"学校学一套，就业再一套"的无用功。其次，应整合校企双方的师资力量，强化教学团队。学校的相关课程教师，多数由辅导员等行政方面的教师考取"国家职业指导师"资格后兼任，其就业创业经验未必能够达到指导的标准。而企业高管的理论知识平均水平虽然有限，但却拥有高校教师所缺少的丰富经验，因此高校可在就业指导方面尝试较为灵活的导师聘用制，打造一支以专职教师为主，兼职导师为辅的教学团队。此外，由校企双方共同打造或参与就业创业类相关比赛活动，企业指导学生完成其感兴趣创业项目，帮助学生将所学知识应用到实际中来，增强其实践能力，反过来，学生进行相关比赛的过程中，能够检验课程教育所学知识，比赛的最终成果也能检测课程体系的成效。

（三）打造品牌活动，发挥指导效益

随着5G时代来临，互联网和移动智能设备成为大家生活中不可或缺的必需品。职场拉力挑战赛基于手机App，通过征集就业意向，结合学生

自身特点，打造线上线下结合的学习模式，线上开展职场知识学习的同时，创建闯关游戏和排行榜，激发学生学习热情。线下开展就业指导微课堂，邀请业界大咖，精心策划课程环节，深入挖掘学生潜能，帮助学生进行职业定位和规划。同时培养学生的互助精神、团结精神、坚持精神，树立正确的择业观和就业观。

参考文献

[1] 杨晓慧. 创业教育的价值取向、知识结构与实施策略 [J]. 教育研究，2012，33（9）：73-78.

[2] 倪明辉，章刘成，李楠. 校企融合下创新创业教育模式的优化构建 [J]. 对外经贸，2020（10）：145-148.

[3] 郑艳秋，周林娥，贾光宏. 产教共同体：内涵价值、问题困境与路径优化 [J]. 职业技术教育，2019，40（35）：6-9.

[4] 彭银年，孟巧红. 产教融合背景下高职院校校企合作办学的思考与实践 [J]. 职教论坛，2016（14）：46-49.

华侨大学　政治与公共管理学院

新时代我国高校高层次人才队伍建设问题与对策[①]

张丽萍[1] 万校基[2]

摘 要：高层次人才队伍建设是新时代高校实现"双一流"建设战略目标的关键。通过回顾我国高校高层次人才队伍建设的发展历程，指出我国新时代高校高层次人才队伍建设存在缺乏与学校学科发展定位相结合的长远规划、人才引进机制不够完善、考核激励制度有待进一步建立健全、重外来人才引进而轻既有人才培养、对人才培养发展不够重视导致人才流失等五个方面的问题。进一步提出高校要将高层次人才队伍建设与学校、学科发展定位相结合，进一步完善高层次人才引进机制，建立健全考核激励制度，正确处理好人才引进与培养的关系，实施人才的稳定、培养与发展有机结合的策略等五个对策建议，为我国新时代高校高层次人才队伍建设工作提供参考。

关键词：高层次人才；队伍建设；问题与对策

[①] 张丽萍（1985—），女，汉，硕士，现任华侨大学办学绩效监测与评估中心办公室主任，发展规划处科长，助理研究员，研究方向：高教发展战略研究；万校基（1984— ），男，汉，江西省南昌市人，博士，华侨大学工商管理学院讲师，硕士生导师，研究方向：战略管理研究。

一、引言

随着全球高等教育的迅速发展，人才全球化趋势进一步加强，人才竞争越来越激烈，新的人才价值观、人才评价观和人才培养观正在逐步发生改变，作为吸纳、汇聚、培养人才的高地，高校的高层次人才队伍建设尤显重要。高校能够拥有一支高水平、高层次人才队伍是其体现整体竞争实力和办学质量的主要指标，亦是高校能否实现创建"双一流"大学的关键因素。党的十九大以来，中国特色社会主义进入新时代，这也意味着我国高等教育事业发展进入一个新的历史阶段。面对日趋激烈的高层次人才的追逐和竞争，我国高校全面加强高层次人才队伍建设不仅是新时代发展的新趋势，亦是国内外高等教育竞争与挑战的客观需要，更是建设"双一流"大学的必然要求，直接关系到高校自身的发展状况和前景。高校若要取得长足发展，就必须引进和培养具有强竞争力的高质量人才，积极谋划人才发展战略，不断提升高层次人才队伍整体水平，最终实现建设"双一流"大学的战略目标。

二、我国高校高层次人才队伍建设的发展历程

新中国成立以来，我国高校高层次人才队伍建设发展主要分为五个历史时期。

（一）1949—1965 年的整顿与初步发展时期

新中国成立之后，国家开始重点加强高校高层次人才队伍建设，并从各方面抽调或聘请人员充实高校师资队伍，以保证全国高校教学科研工作的正常开展。之后，国家对高校院系进行调整，一方面积极拓宽留学渠道，派送人员出国学习；另一方面，国家先后出台一系列重要文件，鼓励

并组织高校高层次人才参加培训与进修，提升高层次人才的业务水平。此外，教育部还颁布了多个重要文件，实施一系列关于高层次人才职务、管理、队伍规划等方面的重要举措，进一步提高了我国高校高层次人才队伍质量，为我国高校人才队伍的建设与发展奠定了基石。

（二）1966—1977 年的遭受严重破坏时期

1966 年，高等学校停止了招生和办学活动，高校高层次人才队伍遭受严重摧残。随着高校停止招生和部分高校被撤销，大批高校高层次人才受到冲击，全国高校高层次人才队伍的质量和数量都呈明显下降趋势。据统计，和 1965 年相比，1977 年全国的高校教授和副教授总人数减少了 26.23%，讲师也减少了 6.36%[1]。高校高层次人才队伍的建设发展出现严重的停顿、倒退现象，对我国后来的高校高层次人才队伍建设和发展造成极大困难。

（三）1978—1984 年的恢复与重建时期

"文革"结束后，我国高等教育事业重回正常发展轨道，高校高层次人才队伍建设也得到迅速恢复。1978 年 3 月 7 日，国务院批转教育部《关于高等学校恢复和提升职务问题的请示报告》，决定恢复高校职称评定，该决定基本解决了高校十多年来在人才职称晋升方面的积压问题，为后期完善高层次人才职称晋升制度和专业技术职务聘任制度打下一定基础。之后，教育部还颁布一系列文件，对高校高层次人才的考核、进修等工作进行了规范，通过恢复和落实相关政策，使我国高校人才工作重新步入正轨，高校高层次人才的地位逐步得到提升，高校高层次人才队伍的建设发展也开始得到重视。

（四）1985—1998 年的重点发展时期

1985 年 5 月 15 日，改革开放以来的第一次全国教育工作会议隆重召开，5 月 27 日，《中共中央关于教育体制改革的决定》正式出台，《决定》的颁发开启了我国高等教育改革新征程，自此，我国高校高层次人才队伍建设工作进入重点发展时期。随着进一步认识到高层次人才对高等教育发展及国家"人才兴国"战略实施的重要性，国家出台许多政策提升高校高层次人才队伍建设水平，比如，在访学、进修等培训形式的基础上，又推出高级研讨班、开设硕士学位教师进修班等形式，鼓励高校教师积极提升自我。同时，国家还陆续出台《中华人民共和国教师法》《教师资格条例》《中华人民共和国高等教育法》等教育法律与规章，进一步为高校高层次人才队伍建设提供了法律与政策保障，在此时期，我国高校高层次人才队伍建设取得了巨大的进步和成就。

（五）1999 年至今的高速发展时期

1999 年，我国开始大幅扩大高等教育招生规模，高等教育开始由精英化向大众化转变，高等教育规模的大幅扩大给高校高层次人才队伍提出了新的战略要求。1999 年 8 月 16 日，教育部出台《关于新时期加强高等学校教师队伍建设的意见》，对高校高层次人才队伍建设工作提出明确要求与战略目标，提出高校要从国家发展战略高度出发，认真实施"高层次创造性人才工程"，培养学科带头人和学术骨干教师[2]。此后，党和国家对高校高层次人才队伍建设工作愈加重视，国家和中央部委陆续出台《关于加强专业技术人才队伍建设的若干意见》（2001 年）、《关于进一步加强和改进师德建设的意见》（2005 年）、《高等学校"高层次创造性人才计划"实施方案》（2005 年）、《关于加强教师队伍建设的意见》（2012 年）、《关于加强高等学校青年教师队伍建设的意见》(2012年)、《关于深化人才发展体制机制改革的意见》(2016年)、《关于坚持正确导向促进高校高层次人才合理有序流动的通知》(2017年)、《关于加快直属高校高层次人才发展的指导意见》(2017年) 等重要法规和政策文件，这些均对我国高校高层次人才队伍建设发展提出战略指导与发展要求，为我国高校高层次人才工作提供了重要的政策支持。

三、新时代高校高层次人才队伍建设的现状与存在的问题

在党和国家的高度重视与积极推动下，高层次人才队伍建设工作已成为当前我国高校发展的重要战略和重点方向。2018年1月20日，中共中央、国务院出台了新中国成立以来首个专门面向教师队伍建设的纲领性文件——《关于全面深化新时代教师队伍建设改革的意见》[3]，该《意见》对新时代教师队伍建设工作做了全面的战略部署与深刻的重要阐述，明确了我国高校高层次人才工作的努力方向与目标，为我国高校高层次人才队伍建设发展提供了政策支持与保障[4]。进入新时代以来，我国高校高层次人才队伍建设工作取得长足发展，各高校不断深化人才体制机制改革，努力提升高层次人才队伍建设水平，取得卓有成效的发展。然而，按照"双一流"建设的要求和适应经济社会发展的需要，我国高校高层次人才队伍建设工作仍存在许多问题。

（一）缺乏长远规划，未与学校、学科发展定位相结合

国内高校虽然对高层次人才队伍建设的重要性已有较深刻认识，但在实际工作中，却有不少高校尚未树立"人才即是学校发展的第一重要资源"的理念，没有真正把人才队伍建设工作放在学校建设发展的战略地位。许多学校在引进高层次人才时，没有充分结合学校发展定位与学科建

设发展定位，制定科学合理的长期规划，导致高校高层次人才队伍存在许多结构不合理的问题，如：在高层次人才队伍的层次结构方面，缺乏高层次拔尖人才和学科领军人物；在年龄结构方面，整体高层次人才队伍中的青年教师比重较大，青年教师的培养工作成为学校的一个较大挑战；在学缘结构方面，不少高校存在高层次人才队伍学术近亲繁殖现象，这些都是高校高层次人才队伍建设工作未能结合学校与学科发展定位、科学编制长远规划导致的问题。

（二）高层次人才引进机制不够完善

随着国内高校办学规模不断扩大，高校对于高层次人才的需求也随之愈加强烈，高层次人才在许多高校都出现"供不应求"的现象，高层次人才引进工作更是被很多学校作为重要战略任务来抓。然而，国内不少高校仍未建立科学、合理、规范的高层次人才引进机制，在引进人才时经常存在人才衡量标准单一、评价指标"一刀切"等问题，不能做到"因才施策"，给高层次人才引进工作带来很大障碍。还有些高校在高层次人才引进方式上观念过于僵化，缺乏灵活性，过分注重高层次人才的"刚性引进"，不采取实施"柔性引进"战略，强调必须将高层次人才的人事关系调入学校，这样的做法往往会限制学校的高层次人才引进工作。

（三）高层次人才考核激励制度有待进一步建立健全

虽然国内高校目前都在不同程度上实行了人事制度改革与分配制度改革，但不少高校目前施行的高层次人才考核制度和激励制度尚未得到较好的完善，缺乏科学、规范、系统的高层次人才队伍考核激励制度。真正有利于人力资源开发、以绩效考核评估为核心并能充分调动人员积极性和创造性的激励制度有待进一步形成。许多高校在对高层次人才进行考核时过度关注学术能力与科研成果，而忽视了对师德师风、教学能力等方面的考核。在薪酬和福利的分配制度上，也没有真正体现"多劳多得、优劳优酬"原则，无法充分调动高层次人才的工作主动性与积极性。不少高校在人事考核制度上仍存在"能进不能出，能上不能下"的现象，人才队伍整体流动性差，缺乏科学、规范的人才分流、淘汰管理机制，阻碍了人员队伍的合理流动和教师资源共享的运行机制。

（四）重外来人才的引进，轻既有人才的培养

人才的引进和培养都是高校高层次人才队伍建设中的重要工作。许多高校花大力气引进新的高层次人才和团队，以期进一步优化高层次人才队伍结构。在引进人才时，学校可能会在科研、生活、住房及职称认定等方面给予一些特殊待遇，这可能对校内既有人才会产生较大冲击，甚至引起既有人才心理失衡，挫伤工作积极性等不良影响。有些高校因为过于注重外来人才的引进，而忽视既有人才的稳定与培养，甚至对外来人才与既有人才采用两套不同的考核评价标准，给予的薪酬待遇差异较大，出现"外来的和尚好念经"的现象，引起既有人才的不满，导致一边引进外来人才一边流失既有人才的不良后果，造成人才资源的严重浪费。

（五）对引进后的高层次人才培养发展不够重视，导致人才流失较严重

在当前人才竞争愈来愈激烈的大环境下，各高校都在积极出台政策，千方百计用高薪酬、好待遇来招揽高层次人才。然而，高层次人才引进不是高校人才队伍建设工作的结束，而只是开端。国内不少高校都存在"重引进而轻培养"的现象，在高层次人才引进之后，却不能为其提供好的工作环境、发展平台以及有力的支持政策，没有给予充分的尊重、理解和关

心，对高层次人才的后续培养和发展未给予足够的重视。很多新引进的人才在入职后，在职业规划、科研创新、项目申报、科研团队合作等各方面都得不到学校的有力支持与积极引导，加上新引进人才对学校晋升机制、规章制度、校园文化等了解不深，对学校暂未形成真正的归属感和组织忠诚，最终导致高层次人才的流失。

四、提升高校高层次人才队伍建设水平的对策与建议

（一）科学规划，将高层次人才队伍建设与学校、学科发展定位相结合

制定科学、合理、可行的高层次人才队伍建设规划是开展高层次人才工作的重要保障。高校在开展高层次人才工作时，首先应该制定与学校事业发展定位、学科建设目标定位相契合的高层次人才队伍建设规划，在此基础上有计划、分步骤地推进落实规划。

我国高校按学校发展定位大致可分为教学型大学、教学—研究型大学和研究型大学，学校的发展定位不同，对高层次人才的定位、需求与评价标准也大相径庭，在当前高校高层次人才引进竞争激烈，甚至"抢人大战"现象频发的环境下，高校不能盲目地参与其中，而应在学校高层次人才队伍建设规划的指导下，结合学校自身实际需求，理性开展高层次人才的引进工作。

同时，高层次人才队伍建设还应与学校学科、专业建设发展需要相结合。尤其是一些新兴学科和专业，光靠学校自己，较难培养出优秀的学术带头人。在此种情况下，学校要加大力度引进优秀高层次人才，并在引进后对其进行重点培育，使其尽早成长为学科、学术带头人。高校的高层次人才引进与培养一定要与学校的学科专业建设发展紧密结合，根据学科专

业建设与发展的实际需要理性引进[5]。高校应合理制定并实施高层次人才队伍建设方案，确保在高层次人才引进后能为其提供良好的发展平台，为其实现事业抱负提供用武之地，切不可"为引进而引进"，最终造成人才资源的极大浪费。

（二）创新方式，进一步完善高层次人才引进机制

高层次人才的引进能很好地改变高校人才队伍结构，带动人才队伍的整体成长与发展，有效促进学校学科、专业的建设与发展，因此，高校纷纷加大投入力度，出台人才引进政策，推出有力创新举措，扩大学校对外影响，从而更广泛地延揽海内外高层次人才。

首先，在高层次人才引进工作中，高校应注重进一步建立健全人才引进机制，制定科学、合理、可行的人才政策，使人才引进工作能够有章可循，为高层次人才引进提供良好的政策保证。高校还应专门为高层次人才制定如住房安置、科研经费、工作条件、特殊津贴、配偶随调等方面的相关规定，尽量为他们提供良好的工作、生活环境，解决他们的生活实际问题，让他们能够毫无后顾之忧地安心工作。

其次，高校在高层次人才引进工作中，应该用良好的发展平台去吸引人。对于高层次人才来说，良好的工作环境是吸引其来校工作的重要因素之一，高校应千方百计为其创造学术氛围浓厚、协作精神较强、人际关系融洽的良好学术环境，尊重人才的成长规律，尊重人才的个性，为人才提供各种发展机遇，充分信任，大胆使用，真正做到人尽其才，才尽其用。

再次，高校要注重高层次人才的"刚性引进"和"柔性引进"相结合，大胆改革创新，在注重高层次人才"刚性引进"的同时实施灵活的"柔性引进"战略。"柔性引进"战略主要是指在引进高层次人才时，淡化人事关系引进，转为重视高层次人才的智力资本引进与科研成果引进，比

如，双聘院士、特聘教授、兼职教授、讲座教授的聘任等均为高层次人才"柔性引进"战略的有效实施形式。"柔性引进"战略既能降低人才引进成本，提高人才引进效率和效益[6]，还能有效缓解高层次人才引进的压力。

最后，高校要重视对高层次人才研究团队的整体引进。有些高层次人才在原来单位中已形成较高水平的研究团队，团队成员往往共同进行着一个或多个项目的研究。这样的团队是高校开展教学科研活动的骨干力量，是培养高校学科带头人和学术带头人的重要基础。因此，高校在引进重点高层次人才时，可考虑引进整个研究团队，给引进的重点高层次人才及其研究团队提供良好的工作环境，帮助其多出高水平的研究成果。

（三）深化改革，建立健全科学有效的考核激励制度

考核与激励是高校高层次人才队伍管理的重要内容之一，亦是促进高层次人才发展的重要驱动力。建立一套科学、可行的考核激励制度是学校开展高层次人才工作的重要保障。

首先，高校在制定高层次人才考核标准体系时，要打破传统的"唯论文、唯帽子、唯职称、唯学历、唯奖项"的单一评价标准，综合考虑德、能、勤、绩等各方面，采用定性和定量相结合的考核办法，将考核与聘期任务、目标责任等相结合，对其师德师风、教学水平、科研成果、团队建设等各方面进行全方位考核，并将考核结果进行反馈，最终达到以考核促发展的目的。

其次，在制定高层次人才考核指标体系时，高校应充分考虑到高层次人才的共性和特性，考虑到不同学科的多样性和特殊性，充分体现公平性和公正性，并根据人才的不同发展阶段[7]，建立合理、可行的参照体系标准和量化考核指标，让人才考核指标体系既有规范性、适用性，又具有一定的灵活性。同时，还应充分尊重教育教学规律，考虑科研工作的特殊

性，鼓励高层次人才沉下心做研究，最终取得高质量科研成果。

最后，在高层次人才激励制度方面，高校不仅应该注重薪酬绩效分配制度上的改革创新，坚持"优劳优酬"原则，通过施行各种奖励方式来调动高层次人才的工作积极性与主动性，同时，高校还应通过改革职称职务晋升制度、制定人才分流淘汰机制、引入人才竞争制度等方式，来激发高层次人才的积极性和创造性，最终实现高校高层次人才队伍建设与发展。

（四）引育并举，正确处理好高层次人才引进与既有人才培养之间的关系

既有人才队伍是学校建设发展的中坚力量，他们大都对学校有着深厚的感情和较多的归属感，其中一些教师通过努力已很好地适应学校的工作环境，成为教学、科研、管理的骨干人才。高校要正确地处理好引进人才与培养既有人才的关系，切不可顾此失彼，造成一边引进一边流失的不良后果。学校在对待引进人才和学校既有人才时，要注意建立健全合理、公平的人才评价体系，落实和完善人才配套措施，做到政策上相对平衡，切不可厚此薄彼，真正为高层次人才创造一个公平的竞争机制与和谐的学术环境。

同时，学校要尽可能创造平台促使引进人才和现有人才之间的沟通了解，在全校范围内形成"尊重知识、承认差异、相互欣赏"的良好软环境氛围，通过营造和谐氛围，使引进人才和既有人才都对学校有真正的归属感，培养人才对学校的组织忠诚，强化人才与学校的契约关系[8]，提高人才的工作热情和积极性，带动整体人才队伍建设水平的提高，为高校教育事业的发展提供强劲动力与良好的高层次人才队伍支撑。

另外，学校还应通过各种政策来鼓励、支持既有人才参加各种形式的海外进修、出国访学、参加国际会议等，促进高层次人才的国际化交流与

发展。学校既有人才队伍的培养与发展是高校人才队伍建设工作的关键，学校应当在制定相关政策时有所倾斜，大力支持既有人才提升自己，更好地促进既有人才队伍的建设与发展。

（五）有效实施高层次人才的稳定、培养与发展有机结合的三位一体策略

高校将高层次人才引进学校后，并不能一劳永逸，高校应该继续为他们创造良好工作、科研和生活环境，让他们安心工作，实现高层次人才队伍的稳定、培养和发展。

首先，高校应该加大投入促进高层次人才积极性。高校在人才管理中，必须肯定教师在人才培养价值创造中的主导作用，实行"高薪聘任，优劳优酬"的人才管理模式，使高层次人才的贡献得到认可和体系。高校要根据实际情况，对具有良好研究前途的高层次人才提供适度的政策倾斜与经费资助，做到把有限的经费用在刀刃上，同时，加大资金筹措渠道，为优秀人才"雪中送炭"。

其次，高校不仅要感情留人、待遇留人，更要事业留人和发展留人。很多学校往往强调感情留人，待遇留人，而忽视事业留人和发展留人的重要作用[9]。事实上，对于高层次人才，感情留人和待遇留人最终都要服从于事业留人。对于大多数高层次人才，良好的工作环境和发展平台远比待遇、感情来得重要。所以，为已引进的高层次人才提供良好的事业平台，提供条件打造优秀学术团队，形成良好学术氛围都是高校留住高层次人才的重要途径。高校应充分借鉴国际著名大学的成功经验，营造良好学术氛围，使高校成为高层次人才的成长发展平台与创新性科研成果产生的沃土。

再者，高校要以独特的校园文化来聚集人才。高校校园文化，主要是指高校师生共同创造与拥有的价值观念以及文化体系的总和。高校校园文化主要包括物质文化、行为文化、制度文化和精神文化等四种形态。其中精神文化是构成校园文化的核心。有许多世界名校,如哈佛大学、耶鲁大学、牛津大学、剑桥大学等,一直是世界各地学者和学子欣欣向往的名校。这些名校之所以有如此巨大的吸引力,其中一个重要原因是它们都具有一种真正的"大学精神",这种"大学精神"是在其漫长发展过程中,经过潜移默化逐渐演化来的、为历届师生所认同的一种价值观念和文化体系,它是这些名校的价值所在和文化体现。通过这种"精神",吸引着世界各国的优秀人才,来这里学习、成长、发展,从而使这些名校的声誉长盛不衰,这就是校园文化的巨大力量。但是,这种校园文化与精神不是短期能形成的,它需要经过长期积淀而得以形成。各高校应本着"有所为,有所不为"宗旨,抓好学校的"特色"建设,开拓"特色学科学术团队""重点学科学术团队"等建设工程,加强人才引进机制体制的建立与完善,构建吸纳优秀人才的绿色通道,制定落实系列政策措施,提供良好的人才成才与发展环境,营造良好的学校氛围,采用多样化的人才引进形式,积极吸纳海内外优秀人才,全力推动高层次人才队伍建设,为实现"双一流"建设目标打下坚实基础。

五、结语

高层次人才队伍建设是高校提升办学质量的重要途径,是提升高校整体办学水平的关键指标,是学校建设和发展的核心保障。面对日益激烈的人才竞争,新时代高校应当树立科学的人才理念,贯彻落实"人才强校"战略,充分结合学校发展定位和学科建设目标,制定并实施契合自身发展特点与实际需求的高层次人才规划,全面深化人事制度改革,创新管理体制机制,强化岗位管理制度,全面优化人才队伍结构,积极提升人才管理质量,激发人才创新的积极性和主动性,积极谋划人才发展战略,全面提升高层次人才队伍建设水平,最终实现世界一流大学和一流学科建设的战略目标。

参考文献

[1] 刘英杰. 中国教育大事典（下）[M]. 杭州：浙江教育出版社，1993.

[2] 关于印发《关于新时期加强高等学校教师队伍建设的意见》的通知[EB/OL]. http://www.moe.gov.cn/s78/A04/s7051/201410/t20141021_177417.html

[3] 钟秉林. 扎根中国大地 推进强师兴国[J]. 中国高等教育，2018（Z1）：1.

[4] 中共中央 国务院关于全面深化新时代教师队伍建设改革的意见[EB/OL]. http://www.moe.gov.cn/jyb_xwfb/moe_1946/fj_2018/201801/t20180131_326148.html

[5] 徐娟，王泽东. 我国大学高层次人才流动规律研究——来自6类项目人才简历的实证分析. 高校教育管理，2020，14（2）：105-115.

[6] 肖燕娜. 引进海外优秀人才对高校人才队伍建设的有效性评价研究[J]. 教育评论，2019（08）：112-116.

[7] 黄建军. 新中国成立70年高校高层次人才队伍建设的历史演进与经验启示[J]. 中国高等教育，2019（Z2）：19-21.

[8] 任友群. 以奋进精神全面加强新时代高校教师队伍建设[J]. 中国高等教育，2019（17）：13-15.

[9] 周海锋，娄佳. "双一流"建设背景下高校高层次人才流动原因与机制探索. 北京邮电大学学报：社会科学版，2020，22（1）：98-105.

1. 华侨大学 发展规划处
2. 华侨大学 工商管理学院